Martín Daulerio

EXPEDICIÓN

Un camino con propósito

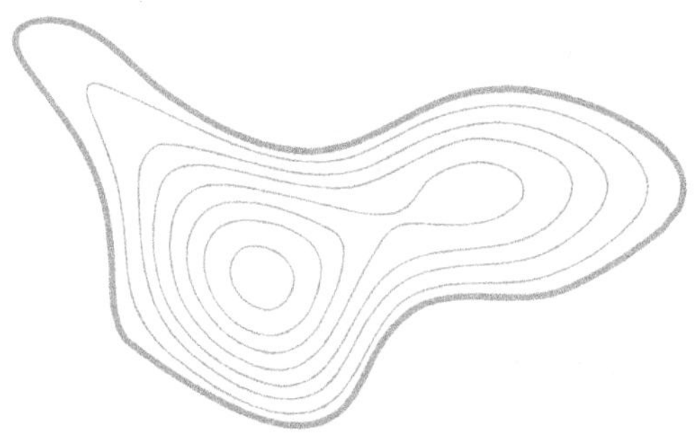

HOJAS DEL SUR

Buenos Aires

www.hojasdelsur.com

Expedición: un camino con propósito
Martín Daulerio

1a. edición

Editorial Hojas del Sur S.A.
Albarellos 3016
Buenos Aires, C1419FSU, Argentina
e-mail: info@hojasdelsur.com
www.hojasdelsur.com

ISBN 978-987-8916-52-1

Dirección editorial: Andrés Mego
Edición: Silvana Freddi
Diseño de portada e interior: Cali Hernández y Vero Lara

Daulerio, Martín
    Expedición : un camino con propósito / Martín Daulerio. - 1a ed. - Ciudad Autónoma
de Buenos Aires : Hojas del Sur, 2023.
    224 p. ; 23 x 15 cm.

    ISBN 978-987-8916-52-1

    1. Desarrollo Personal. 2. Autoayuda. I. Título.
    CDD 158.1

Dedicado a mi compañera, Leti, y a mi hijo León,
por enseñarme a vivir en amor.

ÍNDICE

Prólogo: cómo convertirnos en exploradores del alma
(y no quedarnos solo en el intento), por Daniel Colombo   11

Introducción: mi propia travesía   17

En busca del sentido   25

Sobre soberanía personal y dignidad   45

En acción   53

El interés que nos mueve   65

Los valores que nos guían   81

Los valores luz y sombra   101

Compromisos luminosos y sombríos   115

De talentos y de vicios   133

Las distorsiones: el aprendizaje como evolución   147

Iluminando tu declaración personal   157

Las disposiciones corporales   167

Vivenciar cada elemento   189

La misión: un camino sin retorno   199

Epílogo   215

Agradecimientos   219

Bibliografía   221

CÓMO CONVERTIRNOS EN EXPLORADORES DEL ALMA

(Y NO QUEDARNOS SOLO EN EL INTENTO)

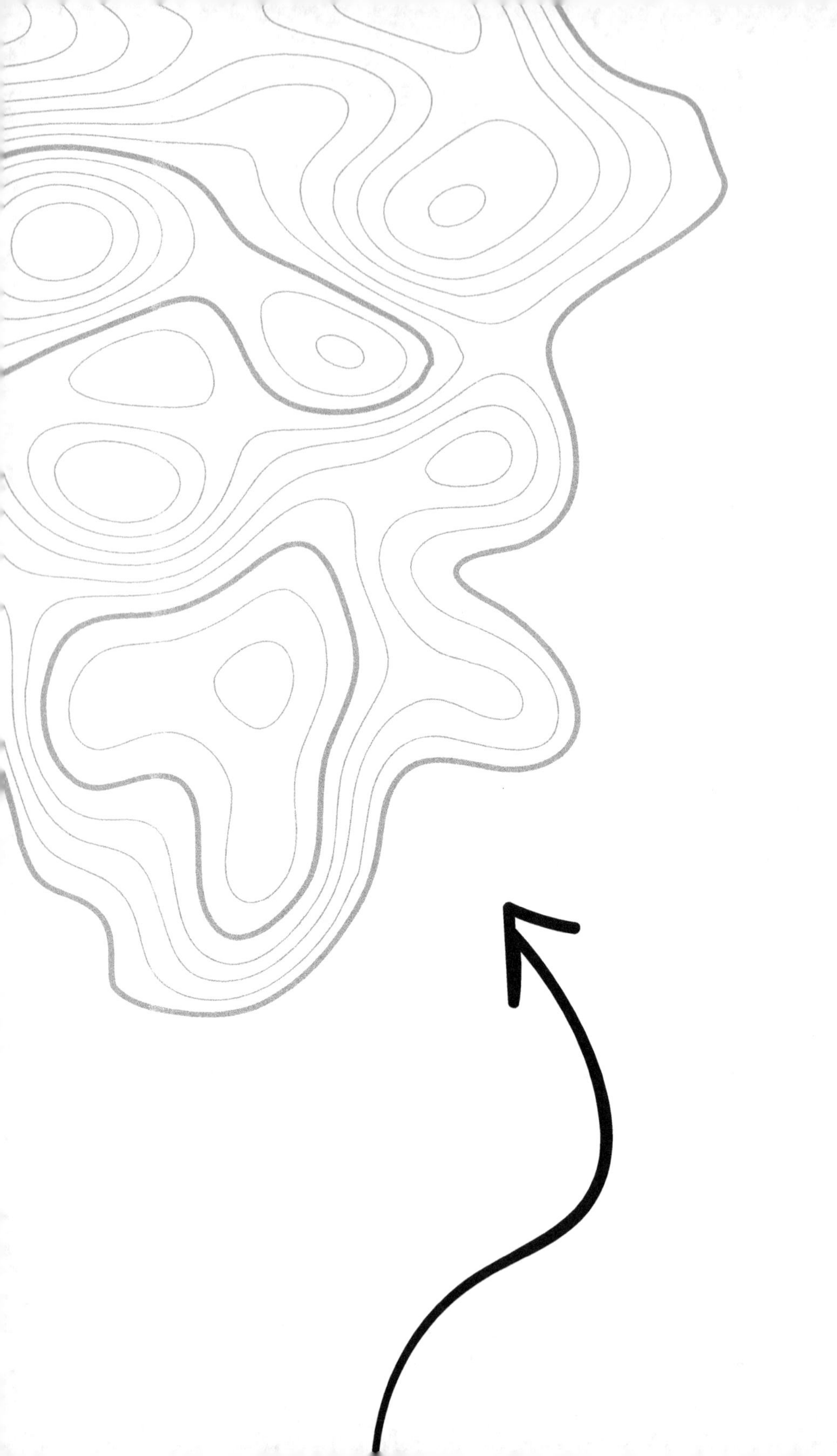

i hay una palabra que me apareció inmediatamente al leer este libro, es "audacia". La misma que tienen dos trapecistas a unos cuantos metros de altura, cuando sorprenden y dejan muda a la platea al arrojarse sin más, y muchas veces sin red. En *Expedición: un camino a tu propósito*, Martín Daulerio se lanza así, audazmente, a la crucial tarea de navegar por las siempre inciertas aguas del autodescubrimiento.

Se trata de confiar y de creer. Confiar en los propios recursos que conocemos o no, y creer porque, sin este componente, la ecuación pierde potencia, esperanza y fe.

Con un estilo directo, y hasta a veces incómodo y desafiante, el autor desanda sus vivencias e inmediatamente las conecta con una propuesta, casi a modo de invitación permanente, revelando decenas de herramientas, ejercicios y ejemplos para ilustrarnos sobre la siempre apasionante tarea de conocernos. El punto de partida de la travesía es trabajar sobre el eje del ser cuando convivimos en un sistema, la sociedad y este mundo que, por momentos, quiere vendernos permanentemente el espejismo del hacer y del tener.

Y entonces es cuando aparecen las preguntas.

¿Qué pasa con nuestro verdadero ser y con nuestros anhelos más profundos? ¿Qué sucede con esos sueños que tuvimos en la infancia y en la adolescencia y que, con la experiencia que ahora tenemos, muchas personas pudieron haber resignado y no saben cómo retomar? ¿De qué forma es posible conectar con la esencia? ¿Y cómo se llama eso que siento cuando no encuentro palabras en el diccionario de las emociones para definirlo con claridad? Todo convenientemente sazonado de varios "para qué", que se convierten en dínamos generadores de transformación.

En esta exploración a la que nos invita Martín, aparecerán hitos, descubrimientos, atajos y distintas formas para encontrar respuestas. Como buen *coach* y comunicador que es, nos plantea preguntas disparadoras de reflexión y que nos invitan a pensarnos en distintas dimensiones, de manera individual y social. Asimismo, el autor nos entrega herramientas valiosas para cualquier persona que quiera entrar en su propio mundo interior, que lo ayudará a sobrepasar sus propias limitaciones, creencias y paradigmas, y a su vez, a construirse en un ser con más integridad y, si lo desea y se anima, más libre.

Como en toda exploración, puede haber imprevistos, sorpresas, e incluso incertidumbres propias de aquello que aún no está en el plano consciente, y que, quizás, deambule rondando en otros niveles del Ser, esperando un punto de luz para salir. En cualquier caso, la invitación es a hacer de esta lectura un proceso activo. Claro que puedes leerlo como simple información aunque, por su riqueza y por su cantidad de dinámicas propuestas, te aliento a convertirlo en tu propio manual de experimentación. Porque, si de verdad quieres lograr la maestría de aquellos avezados trapecistas que nos dejan con la boca abierta, la propuesta es animarte audazmente a practicar y a sumergirte en la profundidad de quién eres, para luego resurgir en una versión distinta, quizás mejorada, y tal vez hasta más sabia.

Por propia experiencia te comparto lo siguiente: el camino hacia adentro es sumamente rico y abundante. Podrás atravesar momentos inciertos, de pesadumbre y de sinsentido. Aunque hay un instante en el que todas las piezas empiezan a encajar, mientras sientes más liviandad y menos resistencia; más conexión y menos dependencia exterior. Así es el camino de exploración que en este libro encuentra una brújula actualizada, con una enorme caja de herramientas para que lleves siempre contigo, acompañándote en tu proceso de descubrir el rumbo para que llegues tan lejos como quieras.

Te deseo un buen camino.

DANIEL COLOMBO[1]

---

1 Daniel Colombo es facilitador y master *coach* ejecutivo especializado en alta gerencia, profesionales y equipos; mentor y comunicador profesional; conferencista internacional; autor de 31 libros. LinkedIn Top Voice América Latina. Certificado por ICF; *coach* certificado y miembro de John Maxwell Team.

MI PROPIA TRAVESÍA

En 1999, después de haber estudiado varias carreras y trabajado en distintos ámbitos con cierto éxito, caí en una crisis. Había terminado de estudiar Periodismo y no sabía para dónde enfilar, a lo que se le sumaba que había finalizado una relación de pareja de bastante tiempo. Comencé con ataques de pánico y con una fuerte depresión. Me costó mucho salir de este pozo. Por varios años sentí que los fantasmas de esa época me rondaban y que la posibilidad de recaer estaba siempre latente.

Así me encontraba cuando un amigo me invitó a un entrenamiento de liderazgo personal que se dictaba en tres niveles. La verdad es que la propuesta me llamó mucho la atención, aunque no estaba del todo convencido. Pero me insistió tanto que terminé anotándome. Y así empecé ese entrenamiento en noviembre de 2005, y descubrí un antes y un después en mi vida: nunca más volví a tener un ataque de pánico ni a sentir ese nivel de depresión (aunque el objetivo de esos seminarios no tuviera que ver con tratar estos temas).

Mientras estaba promediando el primer nivel, ya sabía que quería hacer el segundo y, al cursar el segundo, me decidí por el tercero. Y, para mi sorpresa, durante la cursada de este último, un amigo musicalizador que trabajaba en *Pop Radio* me contó que estaban buscando un productor artístico para la primera mañana de La 100, otra radio muy reconocida. Aunque en ese momento estaba en la señal de TV MuchMusic como programador musical y me sentía muy cómodo, decidí postularme. Me reuní con Diego Poso, el director y, al parecer, me demostré apasionado durante mi entrevista, porque pasé la primera instancia. Y también la segunda, la tercera y la cuarta. Hasta que me confirmaron y me encontré en un trabajo que sigo haciendo hasta hoy, y me encanta. Ese fue mi primer gran resultado en el medio de ese proceso de liderazgo. Y fue lo que me hizo darme cuenta de que, si había logrado un avance tan grande en tan poco tiempo, estaba ante algo fascinante.

Nunca me consideré una persona muy extrovertida. Pensar en hablar delante de mucha gente me aterraba, al mismo tiempo que tenía una proyección muy tímida de mí mismo. Pero algo me decía que tenía que ser entrenador de potencial humano. Así fue cómo decidí presentarme en el centro en el que me había graduado, donde me dieron la posibilidad de capacitarme más. Al tiempo, tuve la suerte de que estaban buscando personal, y quedé en el equipo. Así comenzó un camino maravilloso.

Mi capacitación no terminó en ese momento: con los años estudié Coaching Ontológico, Coaching Corporal, Coaching Sistémico, Coaching por Valores, Neurociencias, PNL, Análisis Transaccional... y la lista sigue. Ingresé en este mundo con gran convicción e interés, y para el 2012 comencé a armar mi propio entrenamiento. Después de años de haber estudiado y reflexionado sobre la pregunta recurrente acerca de quién precisamos ser para obtener nuestro objetivo, quise bajar ese cuestionamiento existencial a un formato más lúdico, visual y accesible. Así creé Expedición, un método que engloba todo lo que aprendí en estos años y que apliqué y enseñé en varias ediciones de entrenamientos vivenciales (presenciales) en Argentina y en distintos lugares de Latinoamérica.

Para hacer esta travesía no hace falta mucho más que tener el interés de ir por más. No es solo para *coaches* ni para expertos, sino para todo aquel que quiera conectarse con su objetivo de vida y con su verdadero sentido.

Hay una creencia sobre el sentido del propósito limitante, pero muy instalada de que lo plantea como un lujo. Muchos piensan que en esta vida primero hay que trabajar, pagar las cuentas, educar a los hijos y recién después dedicarse a buscar su propósito. Y, a partir de haber trabajado con miles de personas, estoy convencido de que es todo lo contrario.

PROPÓSITO Y SENTIDO

Porque, cuando conectamos con el propósito, lo hacemos también con el sentido, y esta unión "propósito y sentido" fortalece todo lo que hacemos a diario, y no solo eso, sino que descubrimos el para qué de cada objetivo que encaramos, que no solamente nos suma y nos hace ganar, sino que, además, nos trasciende. Y es entonces cuando aparece la pasión, entendida como un tipo particular de amor que nos mueve a hacernos cargo de la posibilidad de que funcionamos como el mejor de los "motores".

Otro error común es creer que pasión y ganas van de la mano, cuando la experiencia nos demuestra que ocurre totalmente al revés. Las ganas tienen más que ver con satisfacer necesidades de supervivencia o de conveniencia, con cuestiones de recompensa inmediata (placer) o biológicas. Y, para la autorrealización, se requiere apelar a la pasión, y no a las ganas. Estas aparecen cuando ya tenemos esto incorporado como hábito.

Por lo general, cuando comenzamos a aprender un nuevo hábito, al principio nos cuesta, y no tenemos ganas. Por eso no podemos depender simplemente de tener ganas. En estos casos nos urge, entonces, usar nuestra pasión y nuestra determinación —factores indispensables para activar, así, nuestra fuerza de voluntad, hasta adquirir ese hábito que anhelamos alcanzar. Las neurociencias aseguran que se necesitan realizar 3 ciclos de entre 21 y 28 días (según el sexo) cada uno, practicando aquello que queremos adquirir como hábito para que nuestro cerebro genere una red neuronal fuerte que nos permita sostenerlo, y no volver atrás. Una vez que eso sucede, nuestra propia psicobiología nos "va a pedir" ese nuevo hábito o comportamiento. Es por esto que, por ejemplo, los *runners* dicen que, aunque al principio tienen que poner mucha voluntad de sí mismos para salir a correr, llega un momento en que vivencian unas ganas incontrolables de hacerlo.

Esto solo pasa cuando conectamos con la pasión y le sumamos la determinación, esa habilidad de avanzar sin dudas, pero también sin certezas. Y esto es lo que quiero lograr en este libro.

Llevo varios años aplicando *Expedición* de forma presencial en mis programas. Pero me pareció que era momento de dejar este método por escrito, para que pueda llegar incluso a más personas, para que cada uno pueda conectar con su propio proceso en el momento y lugar que quiera.

¿Qué puede pasarte una vez que termines este libro?, que tengas miedo. ¡Y esa va a ser una excelente noticia! Cuando conectamos con algo grande, aunque sea lo que el corazón dicta, asusta. Porque es desconocido y escapa a lo que la mente tenía como expectativa. Pero no se trata de qué vamos a hacer, sino de quiénes vamos a ser y para qué. Vas a terminar este libro conectando con tu propósito y declarándolo, y a partir de entonces comenzar a construir una identidad poderosa en la que los resultados te lleguen, en lugar de estar persiguiéndolos. Bienvenido a la *expedición* de tu vida.

EN
BUSCA
DEL
SENTIDO

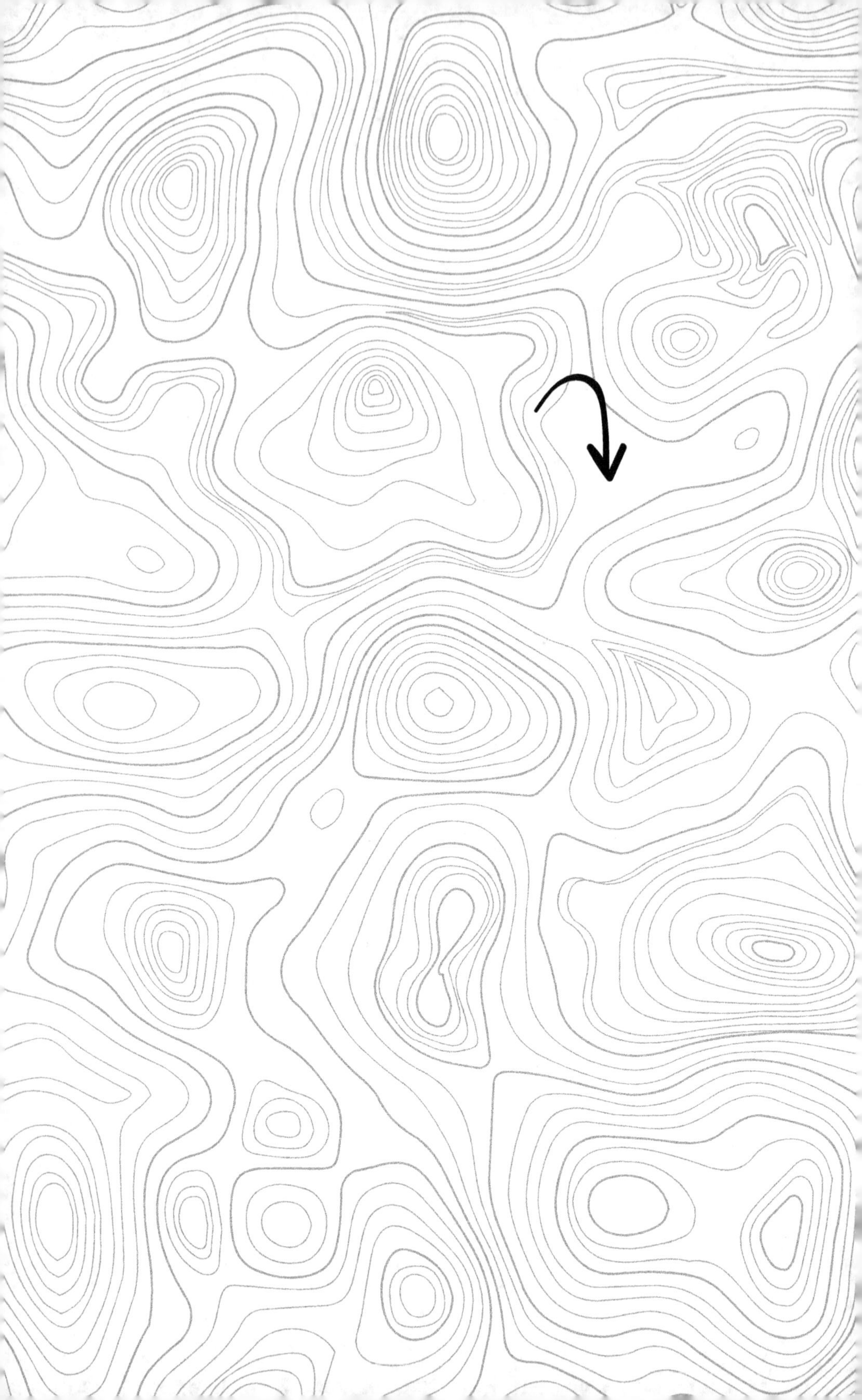

Estoy comprometido con tu compromiso de generar algo espectacular para tu vida: que puedas experimentar la libertad de SER, honrando, a partir de esta vivencia, a la persona en quien puedas convertirte.

Quiero que te tomes un tiempo para estar aquí y ahora, y reflexionar sobre estos puntos: ¿qué cambios estás comprometido a generar? ¿Qué es lo que más te importa en lo profundo de tu corazón? ¿Y tu interés más íntimo? ¿Para qué sientes que llegaste a este libro?

Comencemos con una pregunta —a mi entender, muy simple—, pero que generalmente resulta muy difícil de contestar. ¿Qué queremos los seres humanos? Cuando hago esta pregunta en los entrenamientos de potencial humano, la respuesta que surge más frecuentemente es "Ser feliz". Luego le siguen "Éxito", "Plenitud", "Libertad financiera", "Salud", etc. Pero vamos más allá: ¿qué necesitamos hacer que ocurra en el mundo para lograr esas experiencias?

RESULTADOS. Sí, resultados, fenómenos que se corporicen en nuestro entorno de forma observable y medible. Pero ¿cuántas veces obtenemos ese tipo de resultados y, sin embargo, nos encontramos lejos de la experiencia que queríamos vivir cuando los declaramos? Entonces, pienso que debe haber algo que trascienda lo alcanzado, que vaya más allá de ese "producto" de nuestra existencia. Tal vez se trate de algo más relacionado con el proceso, al camino. Más conectado con el SER que con el TENER.

Es bastante conocido el paradigma en el que usualmente vivimos:

TENER — HACER — SER

Usualmente nuestro compromiso está con obtener eso que deseamos. Veamos este ejemplo de mi adolescencia: imagina que quieres ser baterista de rock. Entonces, ¿qué haces? Te compras los palillos, el tambor, el bombo, los platillos, y hasta el taburete en donde sentarte. Pagas a un profesor, haces las cosas que hace un baterista y, recién entonces, cuando al menos puedes tocar una canción en ese instrumento, ERES un baterista. Es entonces cuando crees que te constituyes como un baterista. Y quizá eso no baste, porque probablemente tengas la "conversación" sobre todo lo que te falta aprender, la experiencia y habilidad que aún no tienes.

¿A qué me refiero con este término? En *coaching*, llamamos "conversación" a esa danza entre el hablar y el escuchar. Una danza que se da con otros y en nuestro fuero interno; es cómo nos hablamos a nosotros mismos. Por ejemplo, nos decimos cosas como "No voy a poder con esto", "Va a ser difícil" o "¿Qué va a pensar Fulano de mí?". Por eso es importante tener en cuenta y registrar cuáles son las conversaciones en las que estamos, para así poder tomar consciencia pero, además, para poder separar juicios, opiniones y distintos puntos de vista de los hechos.

Volviendo al ejemplo, ¿qué pasaría si no tienes todas esas cosas para comenzar tu carrera como baterista profesional? Probablemente, aparezca la imposibilidad. Es más: puede ser que tengas todo, hagas todo y de igual manera no estés viviendo la experiencia que anhelas vivir como baterista. Es decir, TENER no garantiza la experiencia. Y esa experiencia es precisamente lo que te hace sentir vivo.

Por eso quiero proponerte dar vuelta ese paradigma y convertirlo en el siguiente:

SER — HACER — TENER

SER

HACER

TENER

Y esta vez vas a declarar que ERES baterista. No importa si no tienes el dinero para comprar el instrumento o para pagar las clases con un profesor. Eres baterista porque te permites serlo desde tu lenguaje y comienzas a accionar como lo haría alguien apasionado por ese instrumento: ves videos en YouTube, escuchas canciones que te inspiran y aprendes a seguir el ritmo, te armas una batería casera con latas (esto es lo que hice antes de comprarme mi primera batería en mi adolescencia), le pides, a algún amigo o conocido que tenga algo de idea, que te dé las primeras clases. De esta manera, estas acciones comprometidas con lo que quieres SER te llevan a TENER las vivencias de ese tipo particular de ser humano. (Volviendo al ejemplo, tener las experiencias que tienen los bateristas).

SER Y HACER

Pues bien, ¿cómo funciona esta propuesta en la vida real? Es evidente que estamos superentrenados en el HACER para TENER, ya que esta manera viene con nosotros desde nuestra enseñanza y cultura. Estamos muy acostumbrados a la experiencia del TENER, pero no tanto a las experiencias que desde nuestro Ser ligamos a ese TENER. A menudo el hecho de no tener nos causa mucho sufrimiento. Porque, ¿qué pasa entonces?, ¿dejamos de ser?

En esta primera parte de la expedición, profundizaremos en las dos palabras iniciales de este esquema: en el Ser y en el Hacer, y viceversa. Más allá del tener o no tener. Esto último va a ser una consecuencia de la interrelación entre las dos primeras.

Y aquí nace otra pregunta: ¿a qué llamamos "SER"? Es "la" pregunta de la filosofía moderna. El filósofo Martin Heidegger en particular es quien ha puesto más foco sobre este tema.

Fuimos arrojados a la existencia. A partir de ese momento, tuvimos dos opciones: dejar que la vida ocurra sin más hasta una temprana muerte, o hacernos cargo de nuestras necesidades. El acto de ocuparnos de conseguir nuestro alimento, por ejemplo, es una manera de dar sentido a la acción. Esto funcionaba muy bien para el ser humano ancestral, dado que no tenía muchas más preocupaciones que alimentarse, buscar refugio, procrear, y coordinar acciones con otros en pos de la supervivencia. Pero, a medida que fuimos evolucionando, nuestros intereses se fueron ampliando y complejizando. Ya teníamos nuestras necesidades básicas medianamente resueltas cuando aparecieron otras como, por ejemplo, encontrarle un sentido al seguir viviendo.

Según Heidegger, como *daseins* ('ser ahí'), los seres humanos somos la única entidad en el mundo que se preocupa y se pregunta por el ser: "¿Quién soy?", "¿Qué quiero ser?", "¿Qué es lo que realmente quiero?", "¿Para qué estoy aquí?". Este tipo de cuestiones nos mueve a hacer algo para que nos reconozcan, por ejemplo. El *dasein* es el ser que se pregunta por el Ser. Y, más aún, el sentido de la pregunta por el Ser no es independiente del ser que se hace la pregunta. Esto contradice de alguna forma la tradición filosófica griega desde la cual los seres humanos (*daseins*) nos hemos mirado como un tipo de cosa que está en el mundo frente a otras cosas: "Este soy yo, este es mi cuerpo. Esta es la silla en donde estoy sentado". El problema con esta perspectiva es que el mundo pasa a un segundo plano. Nos lleva a pensar que el sujeto puede estar separado de su entorno, y llevar a considerar, desde el sentido común, que hasta la gramática de nuestra lengua separa el sujeto del objeto. Por ejemplo, "Vicente lava el auto". Por un lado, está Vicente (sujeto) y, por otro, el auto (objeto). El lenguaje propone un tipo de relación.

Este modelo se circunscribe en el dualismo platónico y cartesiano que propone la separación entre polaridades: mente/cuerpo, alma/cuerpo, materia/pensamiento, sujeto/acción. De alguna manera, esto divide al ser en aspectos materiales e inmateriales. Sin embargo, podemos también interpretar que, por ejemplo, Lionel Messi no existe separado del fútbol, la pelota, la cancha, sus gambetas, pases y sus goles. El "ser Messi" vive en integración con sus acciones y con su entorno. Usualmente, cuando vivimos "separando" estos aspectos, tendemos a polarizarnos en alguno de los extremos, y esto nos lleva a vivir de forma reactiva y limitada. Nos perdemos la enorme riqueza que resulta de identificar los ejes entre los extremos y descubrir los recursos que nos regalan los infinitos puntos intermedios.

Por esto, Heiddeger propone salir de los sesgos del sentido común y de las tradiciones filosóficas para investigar profundamente la existencia. Es decir, mirar los fenómenos más que perdernos en la explicación de estos. Parar el automático y observar cómo estamos siendo: "¿Qué estoy pensando?, ¿en qué estado de ánimo estoy?, ¿qué estoy haciendo?, ¿para qué?". Cómo *daseins*, no somos una cosa, sino que nos vamos creando a nosotros mismos a partir de lo que hacemos. Y lo que hacemos está determinado por nuestros intereses que, modelados por nuestro sistema de valores, se activan en función de nuestros deseos y necesidades.

En definitiva, podemos existir sin conectar con el sentido, simplemente estando, "sobreviviendo" en el trabajo, las relaciones, los proyectos. Pero, como *daseins*, podemos también explorar la pregunta sobre quién queremos ser y comprometernos con el proceso de conectar con lo que a menudo llamamos "nuestra esencia". Cuando accedemos a ese nivel de experiencia, nos conectamos con lo que en alguna oportunidad escuché de mi colega colombiano Jaime Ángel:

el Sentido de Existencia Real

Para comenzar a bucear en este concepto, como primer paso, te comparto cuatro aspectos involucrados en el sentido. Estos te servirán para tomar consciencia de cómo este fenómeno nos atraviesa en nuestra humanidad.

- **Aspecto cognitivo:** la mente. Cuando algo nos genera sentido, encontramos un nuevo significado. Hay algo que se revela dentro de lo que vemos.
- **Aspecto emocional:** el corazón. Cuando algo nos genera sentido, nos hace sentir de determinada manera.

- **Aspecto corporal:** el cuerpo. Cuando algo nos genera sentido, nos lleva hacia una determinada dirección o curso de acción.
- **Aspecto de propósito:** el alma. Cuando nos preguntamos sobre el sentido de algo, nos estamos preguntando sobre su para qué.

Cuando conectamos con el sentido, a la existencia le sumamos todos estos aspectos. Y es entonces cuando nos habilitamos la experiencia de SER, en tanto **S**entido de **E**xistencia **R**eal.

Y, cuando digo "real", no me refiero a que sea verdadero, sino más bien lo utilizo como sinónimo de "consciente".

> El sentido es una puerta que se abre.
> Un nuevo camino de reflexión. Es poder ver algo de forma distinta,
> y que esa revelación genere un impacto.

El sentido genera en nosotros una forma especial de pensar, sentir, actuar y relacionarnos con el entorno, y es esta coherencia entre estos dominios la que despliega nuestra forma de estar siendo. Esta particular forma de experimentar la vida la llamaremos "Ser Creativo", concepto que será eje y propósito de todo este libro.

ESTRUCTURA E HISTORIA

Ante todo, podemos decir que el ser humano es una estructura biológica (cuerpo y emociones) más una historia (lenguaje y emociones). Y, entre el cuerpo y la historia, está el dominio emocional porque, de acuerdo a cómo nos conversamos, vamos a transitar distintos "sentires". De acuerdo a cómo nos explicamos, vamos a tener ciertos estados de ánimo.

ESTRUCTURA + HISTORIA = NUESTROS DOS DOMINIOS

Llamamos "estructura" a nuestra corporalidad (posturas, gestos, tono neuromuscular, tonos en la voz) y a cómo cada una de sus partes interactúan entre sí. En esta estructura también habitan nuestras emociones, que nos predisponen a distintas acciones. Aunque nuestro cuerpo goza de plasticidad y podemos entrenarlo, nuestra estructura es fáctica, y no la podemos transformar.

Imaginemos un cubo Rubik, el clásico cubo mágico. Puede sufrir cambios, pero estos serán cosméticos. Puede cambiar sus caras y generar distintas combinaciones, pero siempre será un cubo, no una esfera ni cualquier otra figura geométrica. Lo mismo pasa con la estructura biológica: podemos hacer cambios visibles, pero el ADN, nuestra estructura ósea desarrollada, el factor sanguíneo y otros factores básicos no pueden modificarse. Nuestro cuerpo no puede pasar a ser el cuerpo de otra persona. Tampoco nos pueden crecer alas. Si bien nuestra biología tiene la propiedad de repetirse a sí misma para mantenerse viva, lo que el biólogo y filósofo Humberto Maturana llamó "autopoiesis", en ese repetir está, justamente, lo permanente de nuestra estructura.

En cambio, la oruga se transforma en mariposa, y logra modificar su estructura para convertirse en otro ser. ¡Pasa de arrastrarse a poder volar! Entonces, a diferencia de la estructura, el dominio y la narrativa consolidada de nuestra historia sí pueden ser intervenidos y modificados a nuestro favor.

Si bien, por lo general, los seres humanos actuamos según la historia que nos contamos sobre nosotros mismos, a veces, rompemos esos viejos patrones de comportamiento, y actuamos fuera de estos. Así como la crisálida evoluciona hasta transformarse en mariposa (y así como el lenguaje humano mutó a lo largo de la historia hasta nuestros días), nuestra propia narrativa y presente se transforman a medida que creamos e innovamos; asumimos riesgos e improvisamos.

> El punto poderoso de esto es darnos cuenta de que esa historia es activa; no es solo un archivo guardado en nuestra mente.

Esa historia es la que permite explicarnos quiénes somos y qué hacemos. Esa narrativa no es solo pasado, sino que actúa y determina nuestras acciones en el presente, y al mismo tiempo explica el porqué de eso que hacemos.

El psiquiatra suizo Carl Jung, uno de los pioneros de la psicología analítica, esbozó una teoría acerca de cómo nos asumimos como "personas". Él notó que varios de sus pacientes, en especial aquellos que estaban en la vida pública, tenían una manera determinada de presentarse. Por ejemplo, un médico actúa de una cierta manera, con buenos modales. Se comporta como se esperaría que se comporte un médico. Incluso se identifica con eso y cree que es lo que parece ser, porque debe tener cierta apariencia, o la gente no creerá que es un médico. Así, la persona es, según Jung, una construcción, en parte generada a partir de las demandas de la sociedad. Y, por otro lado, es también el compromiso con lo que a uno le gusta ser o con lo que le gusta parecer. Por lo tanto, la persona es un complejo sistema de comportamiento, un poco dictado por la sociedad y un poco dictado por las expectativas o deseos que uno tiene. Pero esa no es la personalidad real, aunque la gente asuma que es genuino y honesto. Esta actuación de la "persona" está bien, siempre que asumamos que no somos exactamente de la misma manera que parecemos ser. Pero es importante ser conscientes de esto porque, si no, podemos llegar a tener conflictos muy desagradables. La gente no se da cuenta de que en casa somos diferentes de lo que aparentamos en público. Y, finalmente, los que no lo saben se tropiezan con ello y no entienden cuál es la versión real.

NUESTRA HISTORIA PERSONAL

La memoria tiene tres etapas. Una es la codificación, cuando se cataloga la experiencia, a fin de saber cómo y dónde guardarla. Otra es el efectivo almacenamiento. Y la última es la evocación, cuando tomamos el recuerdo.

Pero, como la memoria es plástica, muchas veces buscando un recuerdo, podemos modificarlo levemente. Y así, como quien guarda un archivo de Word con un ligero cambio, lo volvemos a almacenar. A medida que vamos cambiando nuestra conversación, la historia sobre qué podemos hacer y qué merecemos también va generando nuevas memorias.

Dicho en otras palabras:

Yo soy X, por lo tanto, hago Y.
Hago Y porque se supone que es lo que se espera de X.
Entonces, al hacer Y, estoy siendo X.

Somos activos participantes en la creación de nuestra forma de ser dentro del ambiente social en el que vivimos. **Según qué historia nos contemos, vamos a entrar en determinada emoción, que nos va a predisponer a tomar un particular curso de acción. Y, de acuerdo a cómo actuemos, generaremos una forma particular de ser.** Poniéndole contenido a la fórmula presentada arriba, podríamos decir:

"Soy un genio, por lo tanto, hago genialidades.
Hago genialidades porque es eso lo que se espera de un genio [ser un genio me sirve para ganar aprobación, reconocimiento, etc.].
Al hacer genialidades, estoy siendo un genio".

Es muy probable que una conversación de este tipo sobre nosotros mismos nos abra distintas y numerosas posibilidades. Sin embargo, puede ser que, otras veces, nos lleve a la arrogancia y tenga el efecto contrario. Veamos cuán distinto se escucha si cargamos esta fórmula con un juicio limitante:

"Soy torpe y cometo torpezas.
Cometo torpezas porque eso se espera de un torpe.
Entonces, al cometer torpezas, estoy siendo un torpe".

Existen innumerables juicios más bien limitantes en esa "historia personal". Algunos ejemplos de las historias personales que nos contamos son "No soy lo suficientemente inteligente", "No soy lo suficientemente capaz", "No tuve el suficiente amor", "No tengo el suficiente dinero". ¿Cuántas veces nos consideramos incapaces en un ámbito y no nos atrevemos a dar el paso, solamente porque pensamos que los otros "ya saben" y nos juzgan incapaces? Ni siquiera tomamos el riesgo de ir más allá, y terminamos atrapados por la conversación pensando: "¿Qué va a decir la gente si nunca hice esto?".

Este ejemplo nos sirve para ver cómo se articulan los pensamientos en nuestra mente y cuál es el tipo de Ser que generamos a partir de estos. Estas interpretaciones sobre las acciones que observamos conforman una explicación sobre quiénes somos. Esto mismo ocurre desde nosotros hacia los otros. Nuestra mente necesita entender los fenómenos. Todo el tiempo estamos generando conversaciones para comprender la realidad de alguna manera. No obstante, ni yo ni el otro somos la explicación. Cada vez más estoy convencido de que somos aquello que nos comprometemos a crear, porque mediante nuestras acciones estamos generando el Ser que somos. En definitiva, ¡¡¡QUÉ MI3RD4 IMPORTA LO QUE DIGAN LOS DEMÁS!!! AL CARAJO CON ESO. ¡LOS DE AFUERA SON DE MADERA, BRO!

De esta manera, se construye una explicación (historia o narrativa) que genera un principio de coherencia sobre la persona observada. Esta historia está basada en las acciones ejecutadas. Al observar a alguien, hacemos juicios sobre cómo actúa. Si unimos lo que hace a alguna historia, encontramos coherencia en su accionar. Los referentes a tomar en cuenta sobre cualquier persona son las acciones que ejecuta. No hay una sola historia real, verdadera o correcta de la persona.

Vamos a dar un ejemplo de qué es esto del principio de coherencia y su diferencia con congruencia, con la cual a menudo la confundimos. Andrés se caracteriza por ser una persona que habla poco, y la mayoría de las veces evita las situaciones de exposición. Si en algún momento viéramos a Andrés animando una fiesta, nos resultaría raro, porque juzgaríamos que esa acción no es coherente con lo que conocemos de Andrés. En tal sentido, esa coherencia puede ser posibilitadora o no.

Cuando hablamos de congruencia, hablamos en términos de similitud, afinidad o lógica entre espacio externo e interno. Es decir, entre lo que pensamos, lo que sentimos, lo que decimos y lo que hacemos. Y, cuando hablamos de coherencia, estamos hablando de tiempo y de espacio. Tiempo de acuerdo a lo que observamos de forma frecuente. Por ejemplo, si una persona dice A, A, A y luego dice B, eso no lo vamos a observar como coherente, porque en el tiempo esa A se repite y esa B es nueva. Cuando hablamos de la coherencia del observador, hablamos de cómo estamos siendo en ese momento, entre lo que pensamos y decimos, lo que estamos sintiendo y la fisiología, es decir, cómo está reaccionando nuestro cuerpo. En ese sentido, siempre somos coherentes. Sin embargo, aun estando en coherencia, ese estado puede llevarnos a una incongruencia: sentir una cosa, y hacer otra, y eso que hacemos, entonces, es incongruente con lo que sentimos y pensamos. Por eso, podemos vivir en una coherencia que a la vez es una incongruencia total. Tal es el caso de las personas que dicen una cosa y hacen otra. Y, puesta en términos más simples, la congruencia la llamamos "sinceridad" y "credibilidad". Una persona es creíble cuando dice A y hace A. Y es sincera cuando piensa/siente A y dice A. Esta distinción será clave en los próximos capítulos, cuando hablemos de dignidad y de autonomía.

Podríamos decir que hay dos historias de las que somos responsables. Hay una que genera nuestra identidad privada, es decir, un cúmulo de datos, interpretaciones, opiniones y puntos de vista que conforman una estructura propia de autopercepción. Y hay otra que provocamos en las demás personas a partir de nuestro decir, sentir y hacer, que llamamos "identidad pública". En este momento, por ejemplo, mi identidad privada está a salvo, porque depende de mí y vive en lo que pienso. Pero ¿qué hay de mi identidad pública?

Te invito a que te detengas y estés totalmente presente en este momento y en este lugar. Toma consciencia de cómo esto que estás leyendo está ya funcionando. Si aún no te diste cuenta, comienza a preguntarte: ¿qué piensas de mis acciones? ¿Qué pensaste sobre este autor cuando leíste, unas páginas atrás, la oración "En definitiva, ¡¡¡QUÉ MI3RD4 IMPORTA LO QUE DIGAN LOS DEMÁS!!! AL CARAJO CON ESO. ¡LOS DE AFUERA SON DE MADERA, BRO!"? ¿Qué historia comenzaste a armar sobre mí en el momento en que lo viste? ¿Qué identidad construiste de forma automática sobre mí? Y lo más importante, ¿qué dice esa construcción de ti?

¿Seguimos?

Desde esta mirada, la persona sería una especie de rueda en constante movimiento entre acciones y narrativas: la historia sobre quiénes somos está basada en las acciones que ejecutamos y otorga coherencia a las acciones que realizamos.

¿A qué llamamos "Ser"?

Seguramente, todos escuchamos en algunos momentos de la vida frases como "Sé tú mismo". Aunque entiendo que es un comentario bienintencionado, cada vez que lo escuché, me generó una experiencia ambivalente. Por un lado, me motivaba a actuar sin tanta preocupación por la mirada ajena. Y, por el otro, me traía esa duda interminable: ¿y quién soy yo? Si es algo que está en mí, ¿en qué parte de mí existe? ¿Cómo lo encuentro? ¿Qué tengo que hacer para encontrar esa esencia?

Si nos referimos al ser como una esencia, sería lógico pensar que está compuesto por una serie de elementos con propiedades inmutables como, por ejemplo, el plomo. Podemos moldear el plomo, hacer una plomada, una estatua, una bala. Pero el plomo siempre será plomo. Nació, "vive" y morirá siendo plomo. Eso tiene mucho que ver con la concepción tradicional de la persona: el ser como sustancia, con atributos y escaseces determinadas e inmutables. "Naciste necio y morirás siendo necio" o "Este nació con pasta de campeón" … Todos escuchamos alguna vez comentarios como estos. Sin embargo, te invito a ensayar otra visión de la persona. Basándonos, por ejemplo, en la ontología del lenguaje, postulamos que "no solo actuamos de acuerdo a cómo somos, sino que somos de acuerdo a cómo actuamos; la acción genera SER". Es decir que, para nosotros, el SER no es solo sujeto, sino también predicado; es acción. Mientras estamos actuando, estamos generando una y otra vez nuestro ser.

"El pensamiento determina la acción.
La acción determina nuestros hábitos.
Nuestros hábitos determinan nuestro carácter.
Nuestro carácter determina nuestro destino".
STEPHEN COVEY

A partir de esto, te propongo un método para intervenir en ti y llevar a la práctica formas de ser que te habiliten a abrir nuevas posibilidades para tu vida. Lo resumo en esta fórmula:

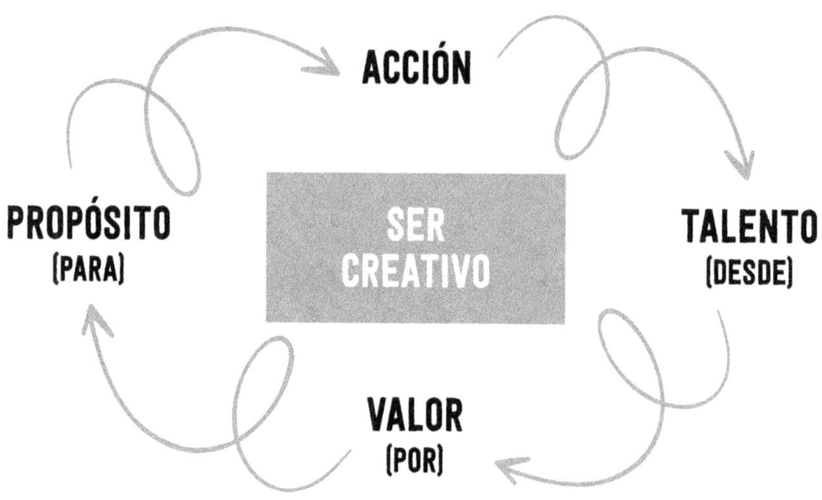

Es decir: un ser humano logra experiencias de plenitud cuando toma ACCIÓN en congruencia con sus VALORES desplegando sus TALENTOS en pos de su PROPÓSITO.

¿Recuerdas que hablábamos de dar vuelta el paradigma? Ser de determinada manera, hacer en congruencia con eso, para tener determinadas experiencias. Y ahora deberíamos agregar un dominio que logra cerrar el círculo y que se retroalimente: el dar. Porque, cuando conectamos con el propósito de vida, también conectamos con una de las necesidades más elevadas: la contribución.

SER — HACER — TENER — DAR

SER

HACER

TENER

DAR

NO ES LO MISMO PROPÓSITO QUE SENTIDO

Esto nos permite introducir una distinción entre propósito y sentido, aunque a veces se usen de forma indistinta.

Entendemos el propósito como la respuesta a la pregunta del para qué de nuestras acciones o proyectos. En este contexto, el sentido sería el para qué de ese para qué; vive en la contribución que genera nuestro propósito. El sentido es lo que en cierta forma conecta los extremos del modelo descripto más arriba. Nos permite alcanzar la plenitud, dado que recibimos a partir de lo que entregamos como valor al mundo.

El académico Umair Haque ilustra la diferencia entre propósito y sentido con una metáfora muy simple. "El sentido es una cascada, y el propósito, una montaña". Él propone que nuestro objetivo en esta vida es encontrar una montaña con una cascada encima, y luego gritarle al sediento: "¡Oye! ¡Aquí hay agua!". Así podríamos entender el sentido como el fin del propósito, que es solo un medio.

Haque sostiene que la clave no es, como solemos pensar, escalar la montaña más alta o más cercana lo más rápido posible. No se trata de escalar cualquier montaña, dado que, por ejemplo, si escalas una montaña en el desierto, probablemente, no encontrarás una cascada. "El desafío es escalar la montaña correcta, encontrar la cascada y luego llevar a las personas al río", declara.

Normalmente se relaciona el propósito con la disciplina en la que te volverás bueno, muy bueno, entre los mejores del mundo. Realmente, no importa lo que sea: consultoría, medicina, peluquería, redacción, diseño. Esa es la montaña que vas a escalar. Puedes hacerte rico haciendo cualquiera de todas estas cosas (o todas) hoy. Es genial. Pero ahí está la trampa, dado que no todas las montañas tienen una cascada.

No todos los propósitos tienen un sentido. Y el arte de conectar auténticamente con un propósito se trata tanto de elegir algo que puedas hacer de manera competente, diligente, creativa, agradable y rentable, como de algo que aporte valor.

LAS EMOCIONES EN JUEGO

Volvamos al modelo:

SER: ACCIÓN + VALORES + TALENTO + PROPÓSITO

Si este concepto te parece un poco lejano abordándolo desde lo intelectual, hagamos la prueba de llegar desde lo emocional. Te propongo cerrar los ojos y traer a la mente un momento en el cual te sentiste pleno y abundante. Y, a medida que con la imaginación le vas poniendo detalles a esa situación, nota qué es lo que estás haciendo. ¿Quiénes están ahí disfrutando contigo? ¿Cómo notas que te estás sintiendo? ¿Qué estás haciendo de forma fluida casi sin esfuerzo?

Aunque, obviamente, desconozco tu historia, me atrevería a decir que, probablemente, en esa situación y en ese escenario, estabas accionando en afinidad con tus valores, poniendo en juego habilidades y competencias propias a favor de un determinado propósito. El psicólogo y profesor Mihaly Csikszentmihalyi se refiere en profundidad a este fenómeno en su libro *Estado de flow*.

El Flow o Experiencia Óptima es un "estado en el que la persona se encuentra completamente inmersa en una actividad para su propio placer y disfrute, durante la cual el tiempo vuela y las acciones, pensamientos y movimientos se suceden unas a otras sin pausa". Se trata de ese momento en el que no eres consciente del paso del tiempo porque estás tan compenetrado en una tarea y la disfrutas tanto que no eres capaz de pensar en nada más. Se dice que alcanzamos este estado cuando existe un equilibrio entre el nivel de dificultad de la actividad que estamos haciendo y nuestro nivel de habilidad para llevarla a cabo.

Por todo esto, durante este viaje, vamos a indagar, vivenciar, desarrollar y vivir a pleno cada uno de los ejes de lo que llamo "Ser Creativo".

SOBRE SOBERANÍA PERSONAL Y DIGNIDAD

ara que nuestro Ser Creativo florezca y se despliegue, necesita antes un terreno del cual nutrirse y en el que sostenerse. Así como los estados tienen su soberanía (ese espacio que les da entidad e identidad y que contiene los recursos para su desarrollo y crecimiento), los seres humanos disponemos de lo que llamamos "soberanía personal".

Una de las formas en las que hipotecamos nuestra soberanía personal se da cuando somos incongruentes entre lo que sentimos, pensamos y hacemos.

Cuando no somos sinceros con nosotros mismos y no aprendemos a decir que no. Muchas veces decimos que sí para que el otro no se enoje, para que no piense mal de nosotros, para que nos apruebe o nos siga queriendo; sin embargo, a pesar de eso, terminamos inmersos en mil compromisos, sin tiempo ni energía para lo nuestro.

Por eso quiero proponerte un breve ejercicio: recuerda cinco situaciones en las que dijiste que sí, pensando y sintiendo que no. Ahora imagina que tienes delante a una persona que representa uno de esos momentos en los que dijiste que sí porque no te animabas a decirle que no. A su lado, imagina a otra que simbolice la segunda situación. Al lado, a la tercera. Y así hasta estar rodeado. ¿Te lo imaginas? ¿Lo visualizas? ¿Cómo te sientes? ¿Cómo percibes tu cuerpo? ¿Cómo está tu respiración en este momento? ¿Qué emociones surgen a partir de esto? Esto es una representación visual de lo que nos pasa cuando decimos que sí de forma automática y en verdad sentimos que no. Esto después genera resentimiento, tanto con la situación como con las personas involucradas.

En esa situación, se pone en juego la dignidad como base de todo lo que hacemos.

La dignidad humana es el derecho que tiene cada persona de ser respetada y valorada como ser individual y social, con sus características y condiciones particulares, por el solo hecho de ser humano. Y, si la dignidad está en la base de todo lo que hacemos, también está en la base de todo lo que somos.

Como sostiene el master *coach* Marco Leone, la adultez debe implicar un desarrollo de dignidad y de autonomía, como la capacidad que tenemos de relacionarnos con otros y, al mismo tiempo, de seguir siendo quienes decimos que somos.

Luego está la trascendencia, es decir, hacerse cargo de los intereses que van más allá de nuestra propia vida, pero que al mismo tiempo motoriza nuestro crecimiento y nuestra autorrealización. Nos conecta con el servicio hacia la vida, con la contribución a otras personas, en otros lugares y tiempos (incluidos los que seguirán cuando nos hayamos ido de este plano), a la vez que nos permite incluirnos en eso que damos. Entonces, ¿qué clase de mundo vamos a dejarles a los que queden a través de nuestra fuerza creativa? Podemos mirar la dignidad como un aspecto de la trascendencia, pero para eso precisamos primero fortalecer nuestra dignidad, para luego poder forjar una identidad poderosa que nos permita trascender. Y, si vivimos gobernados por los intereses de otros, ¿dónde quedamos nosotros? Una metáfora interesante para entender mejor este concepto es pensar en la Tierra y el Cielo, siendo la Tierra la dignidad, y el Cielo, la trascendencia.

LA IMPORTANCIA DE DESARROLLAR LA DIGNIDAD COMO HABILIDAD

Los discursos culturales o sociales influyen en nuestra dignidad. Por ejemplo, hoy existe lo que se llama "cultura de la cancelación", algo que, de alguna forma, atenta contra la dignidad de las personas, que a veces no pueden dar su punto de vista porque no es políticamente correcto, y sufren la "cancelación" de otros. Sin embargo, algunas veces, nosotros mismos somos los que nos autocancelamos o nos autocensuramos. La dignidad es el punto de partida para desarrollar el Ser Creativo. Porque, si no tenemos dignidad, no tenemos dónde sembrar ni cultivar los talentos, ni mucho menos los valores.

La dignidad, en gran medida, tiene que ver con hacernos cargo de lo propio, defender nuestra soberanía personal, tener estándares para nuestros valores, y también estar al tanto de si esos valores no están siendo dogmas que, en lugar de darnos fuerza, terminan limitándonos.

Decimos de nosotros que somos dignos cuando hemos establecido estándares de acción con los que nos comprometemos a vivir. Vivimos inmersos en discursos, inclusive aquellos de nuestros estilos de vida, en los cuales adoptamos ciertos estándares y virtudes para nosotros mismos (que a veces son propios y a veces son mandatos).

DECLARACIONES DE DIGNIDAD

El *coaching* ontológico sostiene que el lenguaje es acción y genera realidad. Y también plantea que nos constituimos en el lenguaje dado que, a partir de este, nos explicamos y vamos construyendo el ser particular que somos. Dicho esto, podemos distinguir dos grandes categorías de lo que llamamos "actos lingüísticos": las afirmaciones y las declaraciones. Hablamos de afirmaciones cuando nos referimos a los hechos; por ejemplo, decir que hoy es jueves 15 de julio. En este caso, el lenguaje está describiendo el mundo, porque la fecha existe antes de que la diga. Pero, si digo: "Esta comida está muy rica", entro en el terreno de las declaraciones, porque el lenguaje está generando una realidad particular.

Existen las declaraciones fundamentales (como la de dar las gracias, que nos sirve para expresar reconocimiento y satisfacción), los juicios (como el del ejemplo de la comida), los pedidos, las ofertas y las promesas. En estos tres últimos podemos ver claramente el lenguaje como acción. Por ejemplo, cuando le pedimos a un compañero de trabajo que nos apoye con una tarea determinada, no estamos describiendo lo que pasa ni tampoco poniéndole una etiqueta (como en el caso de los juicios), sino que estamos articulando una futura acción posible a partir de lo que estamos diciendo. Nuestro compañero nos puede decir sí o no, o expresar ciertas condiciones para hacerlo. Cuando hacemos un pedido o una oferta y la otra parte acepta, se genera lo que llamamos "promesa".

Anteriormente decíamos que las declaraciones son una forma de lenguaje que generan realidad. El ejemplo más claro para ilustrar esto es la declaración de independencia de un país. Pero, para que esta sea válida, se requiere que tengamos poder y autoridad sobre el tema o ámbito en el que se declara. Si estuviéramos en una cancha de fútbol durante un partido y declaráramos penal a favor de nuestro equipo, esto no pasaría de un comentario, un deseo en voz alta o un chiste, dado que no tendríamos la autoridad conferida. No obstante, existe una categoría de declaraciones que llamamos "personales", para la que todos contamos con esos dos requisitos, dado que tienen un impacto profundo en nuestro propio espacio vital.

A continuación, quiero compartir algunas declaraciones de dignidad que apuntan a tener o recuperar autoridad y soberanía sobre nosotros mismos. Esta es una herramienta que comúnmente se utiliza en sesiones de constelaciones familiares.

"Antes yo por ti. Ahora yo por mí": antes nos preocupábamos y tomábamos los problemas del otro como propios; ahora tomamos los nuestros como prioridad.

"Ahora yo soy yo, y tú eres tú": cada uno tiene su espacio, su identidad y su propia dignidad y autonomía.

"Ahora estoy incluido en el valor que ofrezco": un gran ejemplo de pérdida de dignidad es cuando regalamos nuestro trabajo. Esta declaración apunta a tener siempre presente nuestra autovalía.

"Con el mismo amor con el que llevé tu dolor (culpa, enojo, depresión, etc.) te lo devuelvo": a veces, cuando sentimos afecto por otra persona, creemos que amarla es cargar con todos sus problemas. Pero eso termina siendo una forma un poco contaminada del amor. Cuando nos hacemos cargo de lo propio y dejamos que el otro también lo haga, lo habilitamos a que aprenda a lidiar con eso, y la relación vuelve a estar en equilibrio.

"Ahora elijo vivir mi propia vida": esto es fundamental cuando entramos en el hábito de vivir la vida de otros, de inmiscuirnos en sus decisiones, dejando en segundo plano nuestros más profundos anhelos y deseos.

"Ahora me quedo en la vida": una declaración que ayuda cuando vivimos una pérdida muy cercana y pensamos en "dejarnos ir".

Estoy convencido de que uno de los aspectos más poderosos de la palabra es que, cuando nombramos algo, automáticamente le estamos dando un lugar. Es entonces cuando podemos mirarlo, aceptarlo, reinterpretarlo, soltarlo, etc.

Por eso, la propuesta es que tomes las declaraciones que más resuenen contigo (o que a partir de estos modelos generes las propias) y las expreses en voz alta. Escúchate diciéndolo y permítete habitar las emociones y sensaciones que van apareciendo. Este trabajo te da la posibilidad de identificar los aspectos disfuncionales que debilitan tu dignidad y tu autonomía para soltar cargas que no te pertenecen, liberar espacio interno y externo, y así recuperar una cantidad enorme de energía.

3

EN ACCIÓN

¿Qué estás haciendo en este momento? Te pido que te tomes unos minutos para escribir la respuesta más natural que te surja.

Empecemos por definir "acción". Desde la mirada de la ontología, entendemos lo siguiente:

ACCIÓN = ACTIVIDAD + INTERPRETACIÓN

La actividad está ligada a los hechos. Por ejemplo, si le preguntáramos a una persona que corre en un parque qué es lo que está haciendo, podría contestarnos simplemente: "Estoy corriendo". En ese caso, haría referencia a la actividad, al hecho de correr: técnicamente, mover las piernas dando pasos largos y rápidos. Pero, cuando hablamos de acción, se suma algo tremendamente poderoso, que es la interpretación que hacemos de la actividad, lo que de alguna manera le da sentido a esta. Así, otra respuesta a la pregunta anterior podría ser: "Estoy entrenando para correr la primera maratón de mi vida". Esto crea una realidad y motivación diferentes para el que declara.

Tomémonos unos minutos para reflexionar...

¿Cuán poderosas son las interpretaciones que hacemos sobre lo que realizamos a diario?

¿Qué tipo de Ser estamos creando a partir de las interpretaciones que hacemos de lo que estamos ejecutando?

Esas acciones, ¿nos empoderan? ¿Suben nuestro nivel de energía? ¿Nos apoyan a crecer? ¿Nos conectan con nuestra mejor versión?, ¿o todo lo contrario? Si no es así, podemos indagar en nuestros pensamientos para reflexionar sobre lo que hacemos. ¿Cuán conectado está eso que hacemos con nuestro propósito vital?

¿Cómo podríamos "sembrar" nuevos pensamientos que nos permitan crear valor a partir de lo mismo que hacemos todos los días? A veces estamos pensando en hacer cosas distintas, y quizás basta cambiar la interpretación de eso que estamos haciendo.

Nuestra mente busca siempre lo conocido, pero aprende de lo diferente. Sin embargo, eso lleva mucha energía, porque implica realizar nuevos cableados neuronales.

Nuestro cerebro no está diseñado para ser creativo, sino para aprender y repetir patrones. Pero tenemos el potencial para desarrollar esta habilidad.

Quiero mostrarte esto con un ejercicio especial.

DINÁMICA
CREAR UNA EXPERIENCIA

Te invito a vivir la experiencia, a un momento donde el espacio, el tiempo y nuestras acciones se entrelacen, para que podamos vivenciar la simpleza, y al mismo tiempo el poder de nuestro Ser Creativo en el aquí y ahora. Te invito a sumergirte en una burbuja en la que el tiempo transcurre más lento y donde la percepción fue dotada de una lupa. Con esta podemos tomar consciencia de cómo generar un sentido profundo a partir de cada pequeña cosa que hacemos.

Antes de comenzar, es importante que procures estar en un lugar tranquilo donde no sufras interrupciones y puedas conectarte plenamente contigo mismo. También necesitas un objeto que te sea significativo. Y, dado que esta es una dinámica larga y difícil de recordar, te propongo que invites a alguien de tu confianza a ir leyéndotela. Otra opción es que grabes una nota de voz y puedas reproducírtela. O escanea este código para acceder al audio en Spotify

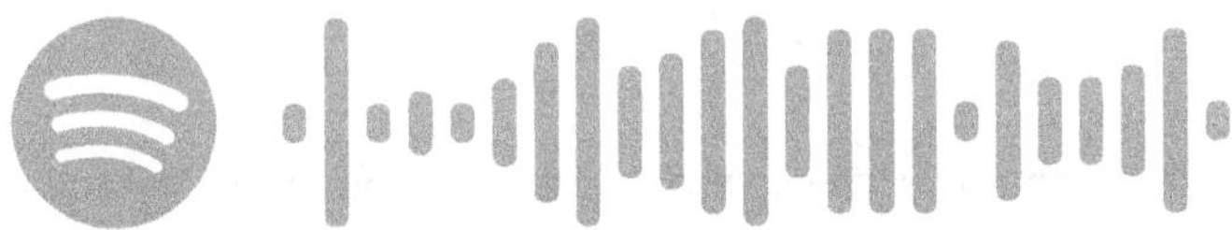

Lo importante es que te concentres en CREAR una EXPERIENCIA. Es decir, que puedas llenar de sentido actividades tan simples como mirar, conectar y habitar, y que te permitas vivirlo como espontáneamente. Aunque vas a estar leyendo ciertas instrucciones, mientras estés haciendo el ejercicio, no te preocupes demasiado en "hacerlo bien", porque eso te va a desconcentrar de la experiencia. Permítete sentir que el mundo comienza a funcionar en cámara lenta y que puedes abordarlo más profundamente. Si quieres, puedes poner una música de fondo que ayude a relajarte. Debes estar presente aquí y ahora, involucrado con lo que está sucediendo, sin pensamientos o reflexiones sobre el pasado o el futuro. Sin tiempo.

☐ Siéntate en una posición cómoda sobre los isquiones, con la espalda recta, y cierra los ojos. Alinea la nuca con los omóplatos y con el sacro. Presta atención a los sonidos y sensaciones que te rodean, pero sin dejar que te perturben. Sigue prestando atención a este momento y lugar. Deja que tu cuerpo se vaya relajando, estando completamente presente en el aquí y ahora.

☐ Lleva la atención a tu interior y concéntrate en tu respiración. Mantén el ritmo. Solo pon tu atención en el movimiento. Siente cómo te vas aquietando y quedando más firme y estable. Concéntrate en el ritmo de la respiración y deja a un lado todo tipo de pensamiento o sensación que te distraiga. Si surge algo, reconócelo, acéptalo, y regresa a tu respiración, buscando establecer la sensación de estar plenamente centrado y en equilibrio.

☐ Ahora, permítete experimentar la sensación de ESTAR SIENDO. Probablemente, tu mente se va aquietando; solo apóyate en tu centro. Respira lento y profundo, y abre los ojos. En ese estado de calma, comienza a conectarte con el objeto que elegiste.

☐ Mantente en silencio. La clave está en que crees tu propia experiencia.

☐ Puedes comenzar por ir indagando e involucrándote con ese objeto. Te pido que con tu imaginación te metas en su consciencia, que vayas pensando como si fueras ese objeto. Por ejemplo, si es un libro, piensa cómo será vivir como tal. Estar dentro de una biblioteca, pasar quieto la mayor cantidad de tiempo. ¿Cómo debe vivir esa situación? ¿Se sentirá pleno o lo sufrirá? ¿Cómo será el día a día de ese libro? Haz el trabajo desde tu imaginación para poder sentir como el libro. ¿Qué cosa lo hará feliz? ¿Qué cosas le molestarán? ¿Disfrutará de lo mismo que tú?, ¿o todo lo contrario?

☐ En todo momento, haz contacto con ese objeto. Y "contacto" no es solo tocar, sino dejar que eso te toque. Contacto es un flujo de ida y vuelta. ¿Qué estás sintiendo mientras te dejas tocar por ese objeto? ¿Te agrada o te provoca rechazo? ¿Cómo se estará sintiendo este con lo que te produce? ¿Cuáles son tus emociones en este momento? Deja que se expresen; date permiso.

- Ahora imagínate la existencia de ese objeto tan importante para ti, ¿cómo será? Imagínala, créala… Pregúntate: ¿cuáles serán sus sueños? ¿Qué anhelará? ¿Te pusiste a pensar alguna vez en esto? ¿Podrá una "cosa" tener sueños, sentir, amar? Piensa también qué sentimiento te llevó a elegirlo. ¿Por qué este objeto, y no otro?

- Déjate llevar por el momento y permítete crear esta experiencia. ¿Qué recuerdos te trae? ¿Por qué es tan significativo para ti? ¿Cuáles serán los talentos de este objeto? ¿Cuáles son sus defectos? ¿Qué le sobra? ¿Qué le falta? ¿Cómo hará para manejar esa carencia?

- Y a ti, ¿qué crees que te sobra? ¿Qué crees te falta?

- Toma consciencia de cuánto de ti mismo estás poniendo ahí, de cuánto de tu espacio interno estás volcando en ese objeto. ¿Qué te cuenta esto?

- Ahora, imagínate que eres una persona muy importante para ti: puede ser un amigo, un hermano, tu pareja, alguien a quien consideres confiable y compasivo. Cuenta hasta tres y chasquea los dedos. Cuando lo hagas, quiero que con tu imaginación te metas en el cuerpo de esa persona y te veas a ti mismo a través de sus ojos y con toda su coherencia: con su cuerpo, sintiendo lo que él/ella siente, pensando como él/ella piensa.

- Desde esa perspectiva, visualízate situándote sobre tu propio hombro, en silencio. Obsérvate tal como estás ahora, desde adentro y desde afuera. No intervengas; solo observa lo que está pasando. Nota la experiencia única de ser observador de ti y de otra persona en simultáneo. De poder vivir tu espacio interno y externo al mismo tiempo.

☐ ¿Quién estás siendo en este momento? ¿Quién estás siendo en esa dualidad adentro-afuera? Date un tiempo para ir tomando consciencia de las emociones, los pensamientos, las sensaciones corporales, supuestos y juicios que emergen en ti.

☐ Ahora te pido que contactes con tu centro, donde sea que lo sientas. Tan solo postúlalo. Visualízate en tu centro y nuevamente alinea sacro, omóplatos y nuca. Cierra los ojos; respira lenta y profundamente. Te pido que vayas identificando todas las sensaciones, emociones y pensamientos que aparecieron y te ligaron a ese objeto: amor, enojo, placer, incomodidad, alegría, tranquilidad, nostalgia, ansiedad, lo que sea. También toma consciencia del volumen de tu espacio interno. Es decir, ese espacio único que ocupas en el mundo, que va contigo a todos lados.

☐ Con tu imaginación, quiero que vayas colocando cada una de estas experiencias en una esfera de cristal transparente. Puedes ponerle el color que quieras. Si no puedes visualizarla, tan solo postúlala. Y nota que, a medida que vas llenando esas esferas con emociones o sensaciones, se van elevando para quedar suspendidas en el aire. Observa cómo flotan a tu alrededor. Fíjate si puedes ir relacionando a cada una de estas con una parte de tu persona. Obsérvalas moviéndose, interactuando a tu alrededor como globos de cristal en el aire. Al mismo tiempo, te pido que tengas total neutralidad ante estas porque, aunque son tu creación, no eres tú.

☐ Desde este punto, si en alguna de esas esferas, por ejemplo, estás observando enojo, en vez de decirte: "Estoy enojado; voy a desquitarme", puedes elegir declarar: "Estoy enojado, pero no soy mi enojo". Puedes llevar esto a tu vida. Fíjate en qué tipo de identidad creas cuando accionas, por ejemplo, desde el enojo en automático. ¿Qué tipo de Ser generas para ti y para los demás?

☐ Describe en tu mente lo que está sucediendo, las experiencias tanto internas como externas. Y, mientras lo haces, presta atención a los momentos en los que empiezas a emitir juicios u opiniones en tu descripción. Entonces, puedes hacer una respiración profunda y volver nuevamente a una posición neutral: solo ve describiendo lo que es, sin etiquetar. Si aparecen juicios o creencias, no los resistas; simplemente, escúchalos como si fueran las palabras de un tercero. Esto te permitirá escuchar a tu mente y no "ser tu mente".

☐ Ser y estar aquí y ahora. En total presencia: una oportunidad para ir llenando completamente de sentido este momento. Para esto se requiere que veas claramente lo que es —y no lo que juzgas o deseas que sea— y que evites identificarte con lo que observas, crees o sientes. Puedes respirar profundo nuevamente y sentirte comprometido con el presente mientras te mantienes centrado y sin ataduras, porque los juicios no son otra cosa que ataduras de tu ser a lo percibido en el pasado para anticipar un futuro. Ser y estar aquí y ahora para crear tu experiencia.

☐ En este momento, te pido que te abras a la posibilidad de sorprenderte. Que te permitas ir abriéndote a una forma novedosa de ver lo que estás observando. ¿Qué pasa con esas esferas?, ¿siguen ahí? Si es así, ¿de qué forma? Si no, ¿qué es lo que está sucediendo? Quiero que te vuelvas a conectar nuevamente con el objeto y que, por medio de este, te conectes con esas cosas que te conmueven, te deleitan, te movilizan, te inspiran.

☐ Considera este momento, lugar y tiempo contigo dentro como una gran hoja en blanco, un lienzo preparado para tu creación. No es necesario que hagas nada en particular: simplemente, estar abierto a reconocer los disparadores de tu inspiración. Date permiso para que aparezca en su máxima expresión esa energía vital que traen consigo aquellas experiencias que hacen que la vida sea preciosa y significativa.

☐ Ese disparador puede ser el recuerdo de un momento, un lugar, un aroma, una temperatura determinada, un tono de luz, una palabra, una canción. Lo que vaya emergiendo en ti está bien. Se trata de encender la chispa de creatividad que habita dentro de ti. Y llamamos "creatividad" a la simple y poderosa capacidad de estar viviendo y de estar expresándote espontáneamente. Se trata de comenzar a desplegar tu Ser Creativo y crear con talento y valores en pos de un propósito que llene de sentido lo que haces.

Para esto, se requiere ir más allá de tu consciencia normal, y lograr la conexión de tu mente, cuerpo, corazón y ser con el mundo del cual formas parte. Ir más allá de tu historia repetida, y comenzar a crear la que quieres con acciones llenas de propósito. Una historia que quede en la historia, que deje un legado.

Se requiere que aceptes que gran parte de las cosas que te rodean en tu vida diaria están directamente influenciadas por ti y por tus propias acciones. Tanto las que te gustan como las que no te gustan.

La pregunta es esta: ¿al servicio de qué causa vas a poner tu fuerza creativa de ahora más?

Respira lento y profundo, déjalo salir. Y repite esto último una vez más.

Ahora, a partir de la experiencia, dedícale unos minutos a tomar registro de lo que experimentaste. El objetivo es anclar la vivencia de tu Ser Creativo aquí y ahora.

Para ir más allá, aquí te comparto algunas preguntas para explorar:

- ¿Cómo te experimentaste durante el ejercicio?
- ¿Qué observaste mientras te mirabas desde otro cuerpo?
- ¿Cómo estaba tu físico?
- ¿Cuáles eran tus pensamientos y emociones?
- ¿Con qué o con quién te conectaste a través del objeto?
- ¿Qué valoraste y qué fue significativo en la experiencia?

EL
INTERÉS
QUE NOS
MUEVE

esde el momento en que nacemos, estamos en constante interés, ya que el interés primordial es seguir vivos. Así como la ontología del lenguaje sostiene que no podemos vivir fuera de este (dado que pensamos, nos comunicamos, coordinamos acciones y explicamos el mundo a través de palabras, gestos o símbolos), tampoco podemos movernos por fuera de una trama de intereses.

Supongamos que apareciéramos en el mundo con una estructura biológica ya desarrollada y con el nivel de consciencia de una persona de 18 años pero, al mismo tiempo, despojados de sustento y de bienes materiales. Probablemente, nuestro primer interés sería garantizarnos la supervivencia. Para esto necesitaríamos que ocurrieran eventos en nuestro entorno que estén alineados a lo que consideramos indispensables: conseguir alimento, protección, relacionarnos con otras personas para conseguir apoyo, etc. Ahora bien, es muy probable que estos resultados o relaciones no sucedan por sí mismos. Requerimos hacernos cargo e intervenir en nuestra existencia para crearlos. Y, al movernos a partir de ese interés, le estamos dando automáticamente un sentido a lo que hacemos.

Veamos esto con un ejemplo. Si me topo con una piedra en el camino, el sentido que esta tenga va a estar generado, en cierto grado, por mi interés en ese preciso momento. Si estoy huyendo de un animal depredador (interés de supervivencia), puedo verla como un arma para defenderme. Si estuviera paseando en mis vacaciones (interés de ocio o disfrute), podría significar un objeto que me recuerde ese viaje. Y, si el turista fuera un geólogo, prestaría atención a la ubicación, peso, densidad, composición y movimiento geológico al que pertenece esa piedra (interés de conocimiento). Pero el mismo geólogo y turista, en la circunstancia de encontrarse perseguido por un puma, probablemente también vería en esa roca un elemento de defensa.

> El lazo invisible entre nuestra necesidad o deseo y lo que debe suceder en nuestro entorno para satisfacerlo es lo que denominamos "interés".

Me parece muy importante aclarar que, en este esquema, el concepto de interés está separado de cualquier connotación ética-moral y, simplemente, se refiere a "lo que existe entre".

> *Interés* del latín *interesse*, que significa "importar". "inter" (entre), "es" (existencia). Lo que es entre nosotros y el mundo.

> En resumen, podríamos afirmar que nuestra trama de intereses y la forma en que nos hacemos cargo de ellos modela al Ser que vamos generando.

EL ÍNTIMO INTERÉS Y LOS NIVELES DE NACIMIENTO

Llamamos "interés" al principio impulsor que nos mueve a lograr o evitar una determinada experiencia, con el fin de satisfacer una o más necesidades. Podemos distinguir entre un interés a reacción y un interés a propósito.

Llamamos "interés a reacción" a aquello que nos sumerge en rutinas automáticas e improductivas. Por lo general, este tipo de interés está orientado al placer inmediato. En cambio, llamamos "interés a propósito" a aquellos que nos llevan a tomar acciones alineadas con nuestro crecimiento y con la contribución. Cuando nos proponemos una meta y vamos más allá de nuestros miedos y limitaciones, probablemente, estemos actuando a partir de la energía generada por este tipo de interés. El interés que se sobrepone a todos los demás y que finalmente determina nuestro comportamiento lo llamamos "íntimo interés", en el sentido de que se trata de una fuerza supremamente interna.

> ***Intimus*** lat.: *inti* = interno, *mus* = supremo

Como verás, existen distintos niveles de interés; para facilitar su comprensión, me resulta pertinente poder relacionarlos con los tres niveles de nacimiento en el ser humano, de los cuales hablaba Carl Jung.

- **El cuerpo:** el primero es el nacimiento físico, en el cual salimos al mundo y tenemos la necesidad de hacer que nuestra biología siga funcionando para poder seguir viviendo. Dado que los seres humanos somos una especie que nace aún inmadura, en esta etapa requerimos nutrición, cuidado y afecto por parte de quienes están a cargo de nuestra crianza.

- **La mente:** nuestro segundo nacimiento es el que Jung llama "alumbramiento del ego". A medida que vamos creciendo, en nuestra mente se va armando una estructura de autopercepción que contiene material sobre quiénes somos y sobre qué es conveniente mostrar a los demás para obtener reconocimiento y aceptación. Vamos construyendo un tipo de persona que en muchas situaciones debe ser conveniente más que congruente. Por ejemplo, cuando cedemos a las presiones de nuestros círculos de pertenencia con el afán de encajar, pero terminamos siendo incongruentes con lo que realmente nos interesa.

- **El alma:** la tercera fase es el nacimiento del espíritu. Se da cuando tomamos consciencia de la trascendencia, del misterio que es la vida, y aprendemos a fluir a partir de los desafíos que nos propone. A partir de esta etapa conectamos con la huella que vamos a dejar. Nos moviliza el afán de crecer siendo agentes de cambios en otras personas. Comenzamos a ver lo significativo de nosotros, más allá de nuestra persona.

LAS NECESIDADES HUMANAS Y LOS NIVELES DE INTERÉS

Sobre estos niveles de nacimiento se cimentarán luego las necesidades humanas y los niveles de interés. Los catalogaré de esta manera:
Necesidades de supervivencia

- **Biológicas:** respirar, hidratarnos, nutrirnos, descansar, necesidades fisiológicas.
- **Afectivas:** contacto visual, auditivo y kinestésico (cariño, ternura y cuidado).

A lo largo de nuestra vida, estas necesidades permanecen y se complejizan; aparecen, además, otras nuevas, como el sexo.

En el nacer del ego aparece lo que llamamos "intereses de conveniencia", situaciones en las que a veces deseamos profundamente hacer A pero, como vemos que está mal visto en nuestro grupo de pertenencia, vamos por B, que es lo "permitido".

> El ego es conveniente y, aunque es necesario para muchas cosas, a veces le quita espacio a la autenticidad.

A menudo nos inhibe a la hora de tomar decisiones alineadas a nuestro sentir.

Estos intereses que describimos aquí aparecen en función de lo que los *coaches* y autores Tony Robbins y Cloé Madanes denominan "necesidades humanas básicas". Ellos sostienen que el comportamiento de una persona está guiado por una (o hasta tres) de las seis categorías de necesidades existentes, ya sea de manera consciente o inconsciente. No se trata de cuestiones materiales, sino de necesidades psicológicas que motivan nuestras elecciones y nuestra forma de actuar. Dentro de estas seis categorías, cada uno tiene dos que considera vitales en su vida, que actúan como una suerte de faro. Las cuatro iniciales son fundamentales para el desarrollo de cualquier persona y siempre deben ser cubiertas. Las dos últimas aportan un sentido de realización y tienen que ver más con lo espiritual.

Las necesidades que Robbins y Madanes plantean son las siguientes:

- **Seguridad (certeza):** buscamos estar en control, sentirnos seguros y tener razón (certeza hacia nosotros mismos de estar en lo cierto; hacia afuera de lo que ocurre, si no nos genera sufrimiento, se mantenga así). Mantenernos en el lugar donde estamos. Sentir que estamos a salvo de las vicisitudes del mundo, de la mirada del otro, del juicio ajeno y la reprobación. A partir de esta necesidad, en muchas ocasiones caemos en el control existencial. Ese hábito que nos lleva a querer controlar la vida y hacer que el entorno se adecue a nuestras expectativas y deseos.

- **Variedad (incertidumbre):** experimentar cosas nuevas que nos llamen la atención, que nos generen sorpresa. Tenemos formas positivas o posibilitadoras de satisfacer estas necesidades, y también formas negativas. A veces renunciamos a ciertas posibilidades para protegernos. Otras veces estamos todo el tiempo cambiando, y lo que hacemos es eliminar lo anterior para traer algo nuevo. Cuando esto sucede, antes de innovar, requerimos elegir conscientemente lo que vamos a conservar.

- **Importancia (significación):** queremos lucir bien. Requerimos sentirnos importantes. Esta necesidad puede satisfacerse creando valor o generando rumores (en el caso de aquellos que buscan hacerse notar teniendo siempre el último chisme, sea real o no).

- **Conexión/amor:** estar en conexión, necesidad desde lo social. Necesitamos conectar, ya que somos seres sociales. Parte de nuestra identidad se completa con la mirada del otro. Esta conexión también puede satisfacerse de forma negativa, peleándonos, discutiendo y generando conflicto.

Todo el tiempo estas necesidades están funcionando y generando interés. Suele decirse que, Suele decirse que, si una misma conducta satisface a tres de estas necesidades, las posibilidades de que se transforme en hábito aumenta. El trasfondo de todas es evitar el dolor y que no nos lastimen el ego. Luego, a partir del nacimiento espiritual, emergen los intereses de trascendencia. Estos están vinculados con las necesidades más elevadas; son las siguientes:

- **Crecimiento:** ser, hacer, tener.
- **Contribución:** dar.

Estos intereses nos mueven hacia la autorrealización, conectándonos con la consciencia del todo. Nos permiten sentirnos incluidos en el acto de dar, ya que recibimos a partir del valor que estamos entregando. Este es el eslabón que completa el tan mentado paradigma SER-HACER-TENER-DAR, lo que genera, así, un ciclo virtuoso. Estas necesidades son el motor de esta trama de intereses.

Algo importante para resaltar es que **no es lo mismo necesidad que interés. La necesidad puede estar latente, pero lo que hace que tomemos acción para satisfacerla es cuando el interés se activa.** Las necesidades de supervivencia y de conveniencia se relacionan con los intereses homónimos. Conectar con el propósito y con el sentido, en cambio, activa intereses de trascendencia. Es como el nivel superior.

LAS GANAS VERSUS LA PASIÓN

"El tipo puede cambiar de todo: de cara, de casa, de familia, de novia, de religión... pero hay una cosa que no puede cambiar: no puede cambiar de pasión". Seguramente, te resuenen estas palabras. Pertenecen a unos de los pasajes más recordados de *El secreto de sus ojos*, un *thriller* argentino fascinante que obtuvo el óscar a la mejor película extranjera en 2009.

La pasión es un tema del cual se habla mucho y a veces suele generarnos ciertos conflictos existenciales: ¿hay una sola pasión? ¿Dónde la encontramos? ¿Qué pasa si no encuentro MI pasión? ¿Qué relación tiene con el propósito?

> "Uno de los mayores errores que se cometen es provocar un entusiasmo forzado. Uno no elige sus pasiones; las pasiones lo eligen a uno".
> JEFF BEZOS, FUNDADOR DE AMAZON

Frecuentemente, las palabras "pasión", "propósito" y "sentido" aparecen como amalgamadas y se usan por lo general de forma indistinta. Sin embargo, no son exactamente lo mismo. En forma muy resumida,

podemos decir que el propósito se relaciona con el "para qué" de lo que hacemos; el sentido refiere al impacto que esto genera más allá de nosotros mismos; y la pasión sería como la energía que pone todo esto en movimiento.

Hay una creencia limitante muy instalada sobre el sentido del propósito, que sostiene que es como un lujo. Muchos piensan que en esta vida primero se debe trabajar, pagar las cuentas, educar a los hijos, y recién después dedicarse a buscar su propósito. Y estoy convencido, a partir del trabajo con miles de personas, de que es todo lo contrario. Porque, cuando conectamos con el propósito, conectamos con el sentido, y eso le da fuerza a todo lo que hacemos a diario. El sentido nos sostiene con firmeza en un para qué sobre cada cosa que encaramos, que no solamente nos suma y hace ganar, sino que, además, nos trasciende. Es entonces cuando la pasión aparece.

Pero ¿qué es la pasión? Desde el imaginario colectivo, esta emocionalidad está muy asociada al amor romántico o al fervor por un equipo de algún deporte. Y está bien, pero ¿qué pasa si, por ejemplo, no me gustan los culebrones ni el fútbol? Esta mirada de la pasión puede resultar un poco acotada. Por eso te propongo una interpretación distinta: **entender la pasión como un tipo particular de amor que nos mueve a hacernos cargo de la posibilidad que somos.** Como el mejor de los motores. Es decir que no estamos hablando solo de lo que nos da placer hacer, sino también de aquello que crea valor y contribuye al entorno. Y acá aparece otro mito muy común: creer que pasión y ganas van de la mano, cuando en la experiencia ocurre totalmente al revés. Las ganas tienen más que ver con satisfacer necesidades de supervivencia o de conveniencia (relacionadas con la aceptación y con el reconocimiento social), cuestiones de recompensa inmediata o biológicas.

"NO ME DAN GANAS"

Como te anticipaba, el impulso básico que nos mueve a satisfacer las necesidades biológicas y del ego son las ganas. Nos dan ganas de comer, de dormir, de tener relaciones sexuales, de mirar Netflix, de postear una foto para obtener *likes*, etc. Es decir, supervivencia (tanto biológica como social) y placer inmediato. Sin embargo, estas ganas no son compatibles con las necesidades de crecimiento o de contribución. Piensa, por ejemplo, cuántas ganas tenías de madrugar para ponerte a estudiar para rendir un examen en la facultad; cuántas ganas tenemos de ahorrar, seguir una rutina saludable, de abrir conversaciones difíciles. Nuestro cerebro está preparado para repetirse en todo aquello que no ponga en riesgo nuestra supervivencia. Y esto es muy útil, salvo cuando nuestra mente tiene programado que ciertas acciones que no están dentro de nuestros hábitos conllevan un riesgo.

La mente busca siempre lo conocido, pero aprende de lo diferente.

Es por esto que postulamos que, para las necesidades de trascendencia, requerimos desapegarnos de las ganas y aprender a conectar con la pasión.

¿DÓNDE VIVE LA PASIÓN?

La pasión es una emoción compleja que podríamos mirar como una reacción alquímica que combina la motivación por lo que anhelamos, el cuidado de lo que valoramos, la mística de lo que nos erotiza y el coraje que emerge ante lo que nos enfada. No se trata de algo externo, sino más bien de un proceso interno de autoconocimiento y de gestión emocional.

Es esa fuerza que nos mueve a ir más allá de nuestra zona conocida y expandirnos. Puede pasar que, en esas situaciones en las cuales se juegan cosas importantes para nosotros, sintamos temor. Es entonces cuando emerge la pasión que, sumada a la determinación —esa habilidad de avanzar sin dudas, pero también sin certezas—, nos apoya a superar nuestras propias fronteras. A partir de ello, nos proponemos dejar de buscar la pasión y hacer que la pasión nos encuentre. Para esto te invito a hacer el siguiente ejercicio:

EJERCICIO: QUE LA PASIÓN TE ENCUENTRE

Antes que nada, para realizar esta actividad, se requiere que contestes estas preguntas escribiendo con lápiz en un papel. Responde lo primero que se te cruce por la cabeza; no necesitas analizar la respuesta. Se trata de un proceso divergente para obtener la mayor cantidad de material posible proveniente de tu mente inconsciente. Para esto, es fundamental activar una serie de permisos para ir más allá de mandatos y creencias limitantes.

- Hay permiso para explorar libremente, sin crítica ni autocensura.
- Hay permiso para sentir, tomar y validar todo lo que emerja.
- Hay permiso para desarrollar y combinar tantas ideas como sean posibles.

Exploración de preparación

1. Elige un personaje de ficción con el cual te identifiques. Puede ser de un cuento, una serie, una película, etc.
2. Detalla la razón por la cual lo eliges, y nombra dos o tres cualidades.
3. Si fueras un animal, ¿cuál sería? ¿Por qué? Enumera dos o tres fortalezas o virtudes.
4. Busca la relación entre los elementos más significativos que aparezcan en los pasos anteriores.
5. Piensa cuál era tu juego favorito en tu niñez: ¿qué hacía que fuera tan atractivo para ti?
6. Conecta con un momento en el cual te sentiste profundamente en plenitud. ¿Qué lo originó? ¿En qué estabas poniendo foco? ¿Qué es lo que estabas sintiendo precisamente a nivel emocional? ¿Cuáles eran tus sensaciones corporales?

7. Nombra de tres a cinco actividades con "derecho natural": ¿para qué cosas sientes que no necesitas "pedir permisos"?

LABORATORIO DE LA PASIÓN

- **Alegría:** ¿qué resultado, relación o estado interior te daría realmente alegría alcanzar?
- **Enojo:** ¿qué cosas no deberían ocurrir en el mundo? Si tuvieras todo el poder del universo, ¿cómo te harías cargo de eso para que sea distinto?
- **Erotismo:** ¿qué cosas de la vida te conectan con la magia, la belleza, el goce, lo sutil y placentero?
- **Ternura:** ¿qué es lo que sientes que tienes para dar? ¿Cuál es tu manera de servir y de generar bienestar?

RESCATE

Vuelve a leer todas tus respuestas y toma nota de 4 o 5 palabras clave.

Una vez que identifiques estas claves, escribe un resumen manuscrito de unas 300 palabras utilizando estos conceptos, de forma fluida. Hazlo de forma espontánea, sin necesidad de demasiado análisis.

¿Qué es lo que percibes como significativo en este resumen?

El producto de este ejercicio te servirá más adelante en este proceso.

¡PASIÓN Y VOLUMEN!

El concepto de volumen es un término aplicado al potencial humano que fuimos desarrollando experimentalmente junto con mi colega y amigo, Francisco Caputo, en los entrenamientos de transformación.

¿QUÉ ES EL VOLUMEN?

La física dice que el volumen es una medida de la cantidad de espacio que ocupa un objeto o sustancia en el espacio tridimensional. Si lo llevamos al ámbito humano, se refiere a la capacidad de validar y ocupar plenamente nuestro espacio personal para crear valor en el mundo. En otras palabras, tomar cuerpo y expandirnos, "hacer ruido" en el mejor de los sentidos. En términos de Stephen Covey, podemos relacionarlo con el octavo hábito de la alta efectividad que, según el autor, reside en "encontrar nuestra voz e inspirar a otros a encontrar la suya". La voz propia es la voz libre de cada persona, desprovista de condicionamientos o presiones sociales.

Para crear volumen, es necesario integrar lo que no se ve a lo que consideramos "correcto o luminoso" y nos encanta mostrar. En este sentido, traemos la analogía del círculo y de la esfera que sirve para ilustrar el poderoso proceso de integrar nuestra sombra, es decir, esos aspectos que juzgamos negativos de nosotros mismos para alcanzar una mayor presencia y autonomía en el mundo.

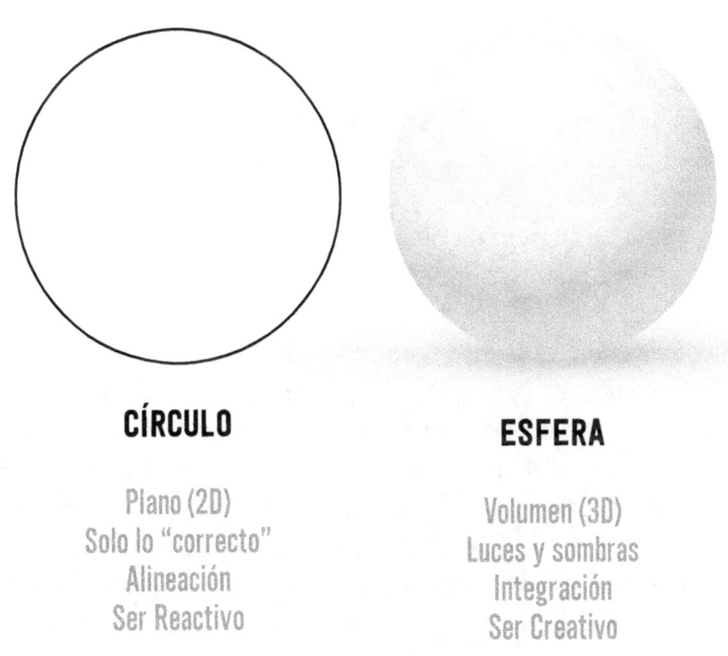

¿Cuál de los dos dibujos percibes que ocupa más espacio?

El círculo generalmente lo percibimos como chato, polarizado (es una cara o la otra).

Por otro lado, la esfera, en su representación gráfica, se logra sumando algo de sombra al círculo original. A través de esta, emerge una tercera dimensión, que aporta profundidad, multiplicidad de opciones y, por supuesto, volumen.

Este concepto, está inspirado en "la individuación", el proceso psicológico de Jung que se refiere a la formación de una personalidad estable y única. Este consta de varias fases que incluyen la toma de consciencia de la propia individualidad, la integración de los aspectos de la personalidad y la realización del potencial personal.

Durante esa etapa de integración vamos quitando aspectos de nuestra sombra y sumándolos como recursos a quienes somos, para así ganar volumen. Al aceptar y comprender nuestros aspectos "negativos", podemos transformar esa energía en algo posibilitador que nos permita desplegar nuestra capacidad creativa para lograr objetivos y vivir de forma más plena y auténtica.

Un ejemplo de cómo se aplica el concepto de volumen en la vida cotidiana es la agresividad. Si reprimimos esta característica, es muy posible que se manifieste a partir de proyecciones propias en las relaciones con otras personas. Al integrar nuestra sombra y aceptar la agresividad como parte de nosotros, podemos recuperar esa energía para ponerla al servicio de nuestro propósito. Así, podemos utilizar esa fuerza para impulsar proyectos, defender nuestra dignidad y proteger a nuestros seres queridos, entre otros.

En conclusión, el concepto de volumen nos invita a integrar nuestra sombra para alcanzar una mayor presencia y autonomía en el mundo. Al aceptar nuestros aspectos negativos y transformar esa energía en algo positivo, podemos activar nuestro Ser Creativo y provocar un impacto significativo en nuestras vidas y en el mundo que nos rodea. Todo esto, sumado a la pasión, tal como la definimos anteriormente, nos permite nutrir y motorizar esa habilidad (actualmente tan subvaluada frente a la motivación) que comúnmente llamamos "fuerza de voluntad".

Para completar este capítulo, te regalo una declaración que nos ha servido de inspiración durante todos estos años:

EL PROPÓSITO SE VIVE CON PASIÓN Y VOLUMEN

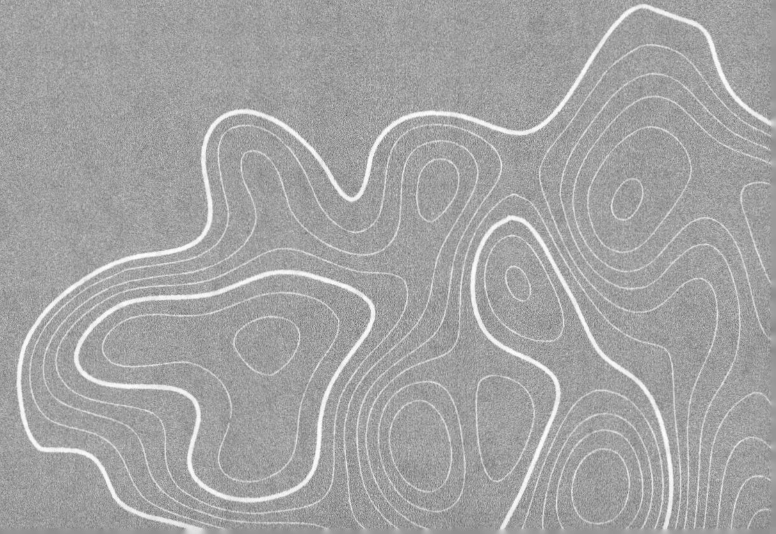

LOS VALORES QUE NOS GUÍAN

A partir de que crecemos y tenemos garantizada la supervivencia, surge otra estructura: una que busca protegerse primero del mundo, pero luego de la mirada del otro. Porque, a partir de nuestra crianza, vamos aprendiendo que hay rutinas que nos llevan a emociones o experiencias relacionadas con la vida, como la alegría, el reconocimiento o la aceptación, y otras que están relacionadas con la muerte, como el miedo, el rechazo o la desaprobación. A partir de esto, vamos configurando esa estructura donde entendemos que hay experiencias que son agradables de vivir, y otras que no. Para tener las primeras y sortear en lo posible las segundas, nuestra mente desarrolla mecanismos de supervivencia. Esto lo aprendí en mi primera experiencia cercana al *coaching*: los entrenamientos conocidos como "Transformación Clásica". En ese contexto, el entrenador mencionaba las cuatro estrategias "para sobrevivir a la deriva" (en textuales palabras): tener razón, estar en control, lucir bien y evitar el dolor. En ese camino, lo que primero nos va a interesar desde el inicio de nuestra vida es evitar el dolor y obtener lo que el médico psiquiatra Eric Berne, desde el Análisis Transaccional, llamó "caricias", que presentaba como "la unidad de contacto o reconocimiento que se define como cualquier acto que implique el reconocimiento de la presencia de otro". Evitar el dolor es la primera de las estrategias del ego, que progresivamente va dando lugar a las otras tres. Luego, con "estar en control" me refiero al hábito de vivir en la ilusión de tener todo dominado, que nada nos sorprenda, saber que podemos contra aquello a lo que nos enfrentamos. Todo esto nos sirve para procurarnos algún tipo de seguridad y protección, aferrándonos a lo que conocemos y renunciando, así, a expandir nuestra zona de influencia.

Es interesante marcar la diferencia entre control operativo, el que por ejemplo se le hace a un avión antes de que despegue, y el control existencial, que es querer manejar (¡y a veces hasta manipular!) la vida... algo imposible.

La otra estrategia es el querer tener razón con respecto a nuestro punto de vista, defender lo que creemos como si fuera la verdad, porque esto protege nuestro sistema de creencias, que a su vez es parte fundamental de esa construcción que es nuestra identidad. Y así, si hay algo que va contra el nudo de nuestro sistema de creencias, lo interpretamos como opuesto al núcleo de quiénes somos.

La cuarta es lucir bien, que no solo se refiere a lo estético, sino sobre todo a quedar bien con la gente, a complacer, a ser agradables, a que nos quieran y acepten. A obtener esas "caricias" sobre las que hacíamos referencia.

En resumen, por medio del estar en control, buscamos seguridad y comodidad. Tener razón, poder y autoridad. Y, con el lucir bien, queremos complacer, para obtener reconocimiento y pertenencia.

EL MUNDO Y NUESTRO ÍNTIMO INTERÉS

De aquí salen básicamente dos caminos: evitar el dolor o crear bienestar. Cuando estamos en un modo reactivo, estamos evitando el dolor. En cambio, cuando nos conectamos con el sentido de trascendencia, empezamos un camino más proactivo y creativo, donde lideramos desde lo que realmente queremos. Esos serán nuestros intereses; algunos serán más explícitos; están relacionados con lo que Jung llama "nuestra persona": esa combinación entre quiénes queremos ser y quiénes aparentamos ser, para responder a las expectativas de los contextos sociales en los que nos movemos.

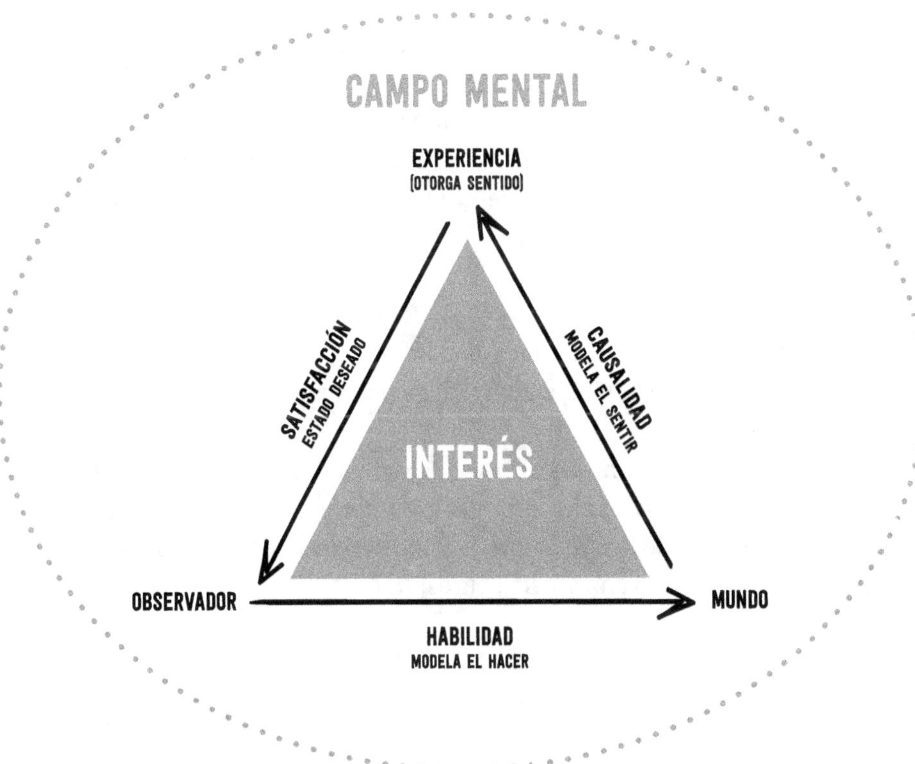

Como observadores en el mundo, ACTUAMOS para que algo OCURRA,
a fin de LOGRAR o DEFENDER determinados VALORES, y así tener como INPUT
una experiencia satisfactoria.

Como seres humanos, queremos que sucedan ciertos eventos en el mundo para vivir experiencias que consideramos relacionadas con el bienestar. Cuando el interés por estas experiencias se activa, este nos impulsa a tomar una acción para que aquello ocurra. El dilema es que pueden pasar cosas en el mundo o en nosotros (mundo interno), que nos lleven a que eso no suceda. Por ejemplo, queremos obtener un ascenso —porque creemos que eso nos va a dar bienestar, poder, autorrealización—, pero ¿qué pasa si eligen a otra persona para el puesto? Aquello que nos activó el interés no ocurre; entonces, surge una percepción de pérdida de la experiencia que queríamos lograr, relacionada con ese evento que queríamos que ocurriera y, entonces, aparecen emociones como la tristeza. Por eso decimos que una emoción está modelada por la relación de causalidad percibida entre lo que nos interesa que pase y la experiencia relacionada. Si pasa, elaboraremos emociones relacionadas con la alegría, la motivación, el logro. Y, si no, estarán relacionadas con la tristeza, la frustración y el fastidio.

Esa emoción —como energía— nos va a predisponer a determinadas acciones para hacernos cargo de ese interés "activado". Este es el fenómeno detrás de lo que llamamos "motivación", es decir, la energía que nos va a hacer avanzar hacia el resultado.

> En resumen, lo que nos genera la emoción es la relación que percibimos entre lo que sucede en el entorno y nuestro íntimo interés.

Como vemos en el gráfico, los lados de este triángulo detallan tres ejes: el de las habilidades, que incluye todo lo relacionado con las acciones, los comportamientos y competencias; el del sentir, que ya explicamos más arriba; y el de las sensibilidades, que resulta muy interesante aprender a mirar de cerca en la vida cotidiana, y que está determinado por cómo solemos conectarnos con las experiencias que queremos evitar y lograr. Profundizaremos este concepto más adelante en el eje de valores.

Tomar consciencia de esto permite diseñar acciones y realinear los propósitos porque, cuando podemos ver cuál está siendo nuestro íntimo interés, vemos qué es lo realmente importante para nosotros.

Prestando atención a esto, podemos intervenir desde nuestra consciencia en las emociones, entendiendo qué es lo que en lo profundo necesitamos satisfacer.

Hacer una pausa y salir del automático nos va a permitir no solo reprogramar nuestro seteo mental, sino también generar la corporalidad y emocionalidad que más nos apoyen para concretar aquello que queremos.

Más adelante también profundizaremos en este tema a partir de una dinámica.

Imagina que vas por la calle y alguien te insulta. Lo más común será que te enojes. En ese caso, ¿qué es lo que te está interesando a raíz de lo que te ocurre?, ¿defender tu imagen pública, tu dignidad?

Y ahora, te pregunto: eso que estás sintiendo en este preciso momento, ¿qué información te da sobre lo que te está interesando en lo más íntimo?

VALORES Y VICIOS

Podríamos decir que los valores son principios que nos permiten orientar nuestro comportamiento en función de realizarnos como personas. Nos proporcionan una pauta para formular metas y propósitos, personales o colectivos, y estos funcionan como una brújula.

Existe un enfoque de *coaching* por valores (basado en la investigación de un catedrático llamado "Simon Dolan"), en el que se ven como la fuerza detrás de las acciones. Estos serían como un dispositivo interno que conecta nuestro sistema de creencias con nuestras actitudes y comportamientos, entendiendo la actitud como la forma en que nos paramos ante lo que nos pasa, y considerando el comportamiento como lo que hacemos a partir de eso.

Lo que nos mueve de los valores no es la etiqueta, sino las creencias y vivencias que tenemos relacionadas con estos. Está en nuestro espacio interno y vive en nuestra mente. En ese sentido, los valores funcionan como una especie de conmutador que, a partir de lo que ocurre o de la situación que estamos viviendo (teniendo en cuenta lo que defendemos como principios de nuestro modelo mental y sistema de creencias), genera cursos de acción y a la vez motoriza las acciones en una determinada dirección. Así, el sistema de valores sería como un aeropuerto de donde despegan distintos aviones con diversos cursos, y el valor en sí mismo sería la ruta trazada. La virtud, en tanto, es lo que se construye mientras avanzamos siendo coherentes con ese curso de acción. Sean tanto los valores como las virtudes, estos tienen como propósito el bienestar y la excelencia.

Ahora bien, Simon Dolan afirma que los valores funcionan como la fuerza detrás de nuestras acciones. Por lo tanto, interpretamos que nuestras actitudes y comportamientos, en cierto modo, están motorizados por nuestro sistema de valores. Es más: el interés por defender o vivenciar esos valores es lo que en definitiva activa nuestras conductas. Esas conductas, generalmente, las asociamos a cualidades de quien las ejecuta. Estas pueden tener una carga positiva, como honestidad, liderazgo, optimismo; o negativa, como hipocresía, victimismo, pesimismo. A la vez, estos comportamientos observables pueden ser positivos o negativos.

Veamos esto volviendo al Triángulo de Interés y a partir de un ejemplo. Para Ana es importante estar motivada en la oficina, para lo cual tiene una lista en Spotify con las canciones que más levantan su energía. Decide darle *play* y elevar el volumen para contagiar también a sus compañeros de trabajo. Samuel forma parte de la misma oficina, y esto le parece una falta de respeto, una actitud de desconsideración por parte de Ana, ya que necesita concentrarse para terminar su trabajo, y requiere tranquilidad.

Para hacer más claro el desarrollo de la idea, nuestras fortalezas, talentos o cualidades positivas, las sintetizamos con el nombre de "virtudes", mientras que nuestras debilidades, defectos o cualidades negativas las llamamos "vicios". Es muy fácil identificar las virtudes con lo positivo, y los vicios con lo negativo. Sin embargo, desde una mirada más integradora, podemos explorar puntos de vista que nos permitan desplazarnos libremente en esa polaridad para abrir posibilidades *a priori* impensadas.

Cómo decíamos antes, lo que llamamos "virtud" es una serie de conductas orientadas al bienestar y a la excelencia. Los vicios, al menos en la superficie, los posicionamos en la vereda de enfrente. Pero, **si indagamos en la exploración de los vicios, nos daremos cuenta de que estos también persiguen un valor**. Por ejemplo, hay oportunidades donde nos ponemos agresivos (vicio) cuando, en el fondo, lo que queremos lograr es que nos respeten (valor). O, yendo a un ejemplo bien concreto, en mis épocas de fumador, cada vez que estaba ansioso, me prendía un cigarrillo (vicio) porque tenía la sensación de que me tranquilizaba (valor).

Podríamos decir, entonces, que los valores se miden en la acción, en el comportamiento. Por eso, hay algunos que podemos llevar adelante y, en cierta situación de tiempo y espacio, podrían categorizarse como positivos o negativos, como lo es llegar a un lugar y poner música. Ese comportamiento puede ser visto como una virtud (porque se entiende que pretende levantar el ánimo), pero también puede ser visto como un defecto o como un vicio, ya que podemos estar molestando al otro. Cuando eso último ocurre en la edad temprana (nos comportamos de cierta forma y somos censurados o rechazados), esa energía automáticamente aparece en nosotros como algo malo, que no debemos mostrar. Y lo empezamos a ver como un defecto o como un vicio. Por ejemplo, cuando a un niño le gusta sociabilizar con otros pares y adultos en todo lugar al que va (como un cine o un restaurante) y sus papás le piden que no lo haga, incitándolo a ser menos extrovertido. Puede ser que, en el futuro, ese rasgo sea contemplado como algo malo.

En términos de Carl Jung, aquellos aspectos duros o blandos que en algún momento mostramos y fueron criticados o censurados son enviados a un reducto de nuestra psique, que llamó la "sombra", un espacio donde negamos y reprimimos. Ese material es todo aquello que siempre buscamos evitar de nosotros mismos. Y, si bien puede ser un lugar tanto oscuro como luminoso, esto es una etiqueta que le pusimos en algún momento.

Hoy, desde nuestra adultez y consciencia, podemos indagar y explorar cuáles son esos aspectos. Por ejemplo, si un día te dijeron que eras muy cerrado porque no quisiste contar algo personal, y lo percibes como algo negativo. Pero ese comportamiento puede ser valioso en otras circunstancias. Por caso, una conducta etiquetada como "cerrada" también puede implicar ser discreto. Y, si alguien nos cuenta un secreto y lo guardamos, ahí estarán presentes ciertos valores como son la confidencialidad y la discreción. Entonces, dejamos de ser cerrados, porque reconfiguramos ese comportamiento y pudimos cambiar dicha polaridad, es decir, orientarlo hacia la excelencia y hacia el bienestar más que a la distancia y la desconfianza. Por eso decimos que **los vicios o defectos, en innumerables ocasiones, también buscan algo positivo, solo que no de manera directa, sino de forma solapada y mediante un intermediario.** ¿Recuerdan mi ejemplo sobre para qué fumaba? Por supuesto, no era para hacerme mal a la salud, sino para sacarme la ansiedad. La tranquilidad es una experiencia y puede estar relacionada con un valor, pero algunos acceden a esta mediante un vicio. Aunque estos mecanismos indirectos pueden ser a menudo perjudiciales, lo poderoso reside en la posibilidad de ver a qué valor responde o a qué experiencia accedemos a partir de eso.

VALORES UNIVERSALES

En 1943, el psicólogo estadounidense Abraham Maslow postuló la pirámide que lleva su nombre. Esta es una teoría de la motivación que trata de explicar qué impulsa la conducta humana. Consta de cinco niveles ordenados jerárquicamente según las necesidades que nos atraviesan a todos.

A partir de estas categorías podemos también distinguir distintos tipos de valores. Pueden ser materiales, morales, socioculturales, familiares, personales y espirituales. Estos pueden categorizarse en dos grupos: cálidos y fríos. Mientras los primeros están más ligados a las experiencias, los segundos están relacionados con las creencias.

AUTORREALIZACIÓN
NECESIDADES DE ESTIMA
NECESIDADES SOCIALES
SEGURIDAD
NECESIDADES BÁSICAS
PIRÁMIDE DE MASLOW

Entre los más cálidos está lo que Stephen Covey, reconocido autor del libro *7 hábitos de la gente altamente efectiva*, llamó "valores" o "principios autoevidentes". Es decir, aquellos que a su vez son experiencias (componente emocional-espiritual) como, por ejemplo, la libertad: algo que sentimos, o no. Estos están relacionados con necesidades humanas de trascendencia y representan ideales, sueños y aspiraciones, con una importancia independiente de las circunstancias. Por ejemplo, aunque seamos injustos, la justicia sigue teniendo valor. Lo mismo ocurre con el bienestar o con la felicidad. En cambio, las creencias no son autoevidentes. Por lo general, si nos compramos un iPhone, lo hacemos porque creemos que va a darnos una determinada experiencia: estatus, estilo, confort. Pero muchas veces lo tenemos y no sentimos nada de eso. Es decir, el objeto no nos garantiza la experiencia. Lo mismo sucede con el dinero o con una casa, o con tener un título. No son valores autoevidentes, sino que están relacionados con la creencia de que, por medio de estos, vamos a acceder a una determinada experiencia.

Esto es lo que vemos en el gráfico del Triángulo del Interés:

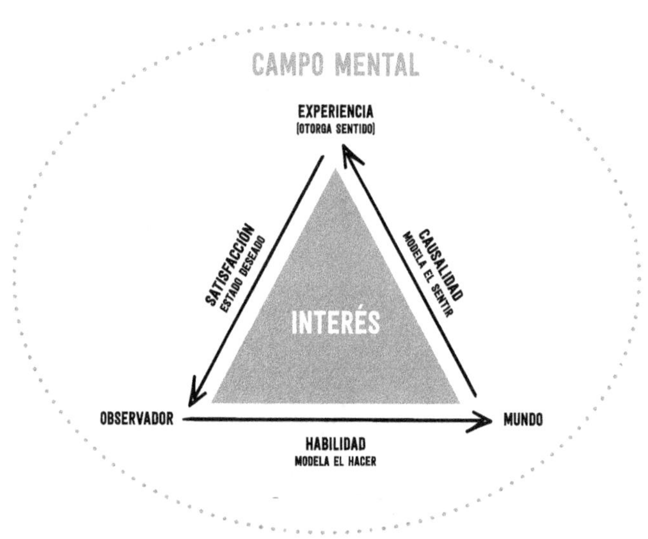

Como observadores en el mundo, ACTUAMOS para que algo OCURRA, a fin de LOGRAR o DEFENDER determinados VALORES, y así tener como INPUT una experiencia satisfactoria.

Dijimos que, como seres humanos, tomamos acción para generar resultados en el mundo, y así lograr una experiencia relacionada con el bienestar. Esta es la dirección automática de este ciclo. Pero podemos ir más allá y entrenar la habilidad de invertir ese proceso. Es decir, tomar consciencia de las infinitas maneras en las que podemos conectar con esa experiencia más allá del resultado. Pensemos en esos momentos "únicos" en nuestra vida, en los cuales nos invadió la alegría, el entusiasmo, la pasión, sin ningún tipo de gatillo externo. ¿Qué parte de nosotros se activó ahí? ¿Hacia dónde fluían nuestra atención y nuestra energía?

Si buceamos un poco en esas memorias, probablemente nos demos cuenta de que esa experiencia está relacionada, en cierto grado, con una profunda conexión con el sentido, con el para qué. Y no es necesario que sea el propósito de un proyecto laboral, por ejemplo. A veces solo basta el íntimo interés de estar presentes para nosotros mismos y para la vida. Ser sensibles a las sutilezas que emergen en nosotros como expresión vital: el goce de disfrutar de un paseo, de nuestra canción favorita, de redescubrir los latidos de nuestro corazón, etc.

El doctor Fernando Flores propone que no solo se trata de desarrollar habilidades, sino también de sensibilidades. Lo que diferencia estos dos conceptos es que las primeras están relacionadas con el hacer, mientras que las segundas lo están con el ser. Por eso, cuando somos capaces de conectarnos con la experiencia que deseamos vivir sin necesidad de que el tener opere como intermediario, estamos cultivando una nueva sensibilidad. Podríamos resumir la idea de esta forma: llamamos "sensibilidades" a esas "habilidades" que habitan en nuestro espacio interno y que nos permiten conectar y desarrollar nuestras potencialidades para desplegarlas de forma creativa en el espacio externo. De esta manera, estaríamos invirtiendo el ciclo en el Triángulo de Interés: partimos de conectar con la experiencia que queremos desde nuestra sensibilidad, alineando talentos y valores. Desde allí, accionamos para manifestarnos en el mundo desde nuestro Ser Creativo. Esto nos permite generar una identidad poderosa mediante nuestras acciones cargadas de sentido, que expanden nuestros resultados. Por esto, en la jerga del *coaching* solemos decir que "pasamos de perseguir resultados a hacer que los resultados nos persigan".

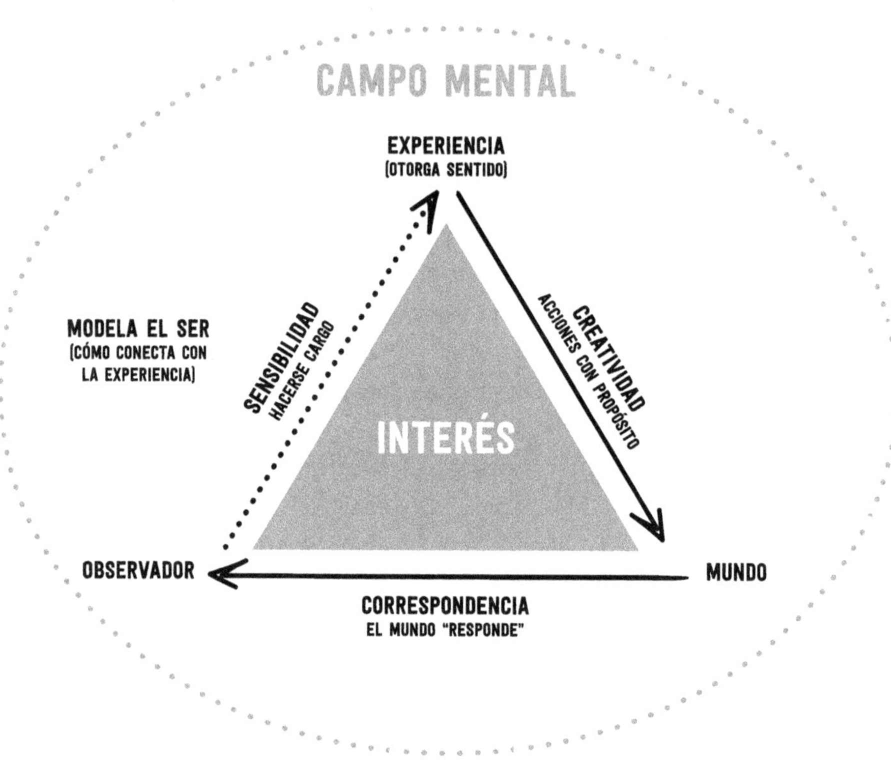

Como observadores en el mundo, podemos HACERNOS cargo y CONECTAR con las experiencias (valores) que queremos VIVIR y desde ahí tomamos ACCIONES con PROPÓSITO que impactan positivamente en el MUNDO y nos devuelven como FEEDBACK la abundancia de sus frutos.

Una forma de desarrollar nuevas sensibilidades es tomar consciencia de las metaemociones. Una metaemoción es una emoción que se experimenta en relación con otras emociones. Es decir, no es una emoción primaria que surge como respuesta a un estímulo externo, sino que se produce al reflexionar o explorar otras emociones que se están experimentando. Las metaemociones pueden ser posibilitadoras o limitantes, dependiendo de cómo se perciban las emociones primarias.

Por ejemplo, si una persona experimenta tristeza, pero se siente bien consigo misma por permitirse sentir y expresar esa emoción, entonces, está experimentando una metaemoción posibilitadora, como lo es la aceptación. Otro ejemplo podría ser el orgullo que se siente después de haber superado un miedo o una ansiedad. También existen metaemociones limitantes. Por ejemplo, si alguien se siente culpable por estar enojado con una persona a la que ama, estaría experimentando una metaemoción limitante, como lo es la vergüenza.

Por otro lado, algunas metaemociones posibilitadoras son también conocidas como "estados esenciales", dado que nos conectan con sentimientos dirigidos hacia un sistema mayor que el entorno inmediato. Por lo general, son emocionalidades primarias muy profundas, pero de respuesta fisiológica tenue, las cuales podemos reconocer por la amplitud que poseen en nuestro cuerpo. Entre estas podemos distinguir el amor, la esperanza, la valentía, la confianza, la paz, el bienestar, la fuerza, la agresividad, etc. Estas emocionalidades son las encargadas de activar nuestras sensibilidades y de abrirnos al campo de lo sutil y trascendente. Estas mismas pueden transformarse, por ejemplo, en actitudes de fondo, dado que penetran en cada una de nuestras células y son la mayor fuente de poder y expansión.

Retomando el planteo del triángulo del interés y los valores, distinguimos entre dos tipos de acciones: las que llamaremos "automáticas" (hacer para tener), es decir, la primera versión del Triángulo de Interés; y las acciones del Ser Creativo (ser para hacer y tener), que se dan cuando logramos invertirlo.

Volviendo a los valores, dentro de los "cálidos", destacamos cinco, los que el economista Fred Kofman llamó "valores universales" en su *bestseller Metamanagement*. ¿Y cuáles son los valores universales del ser humano? La lista es corta. Pero, antes de enumerarla, quiero proponer un ejercicio.

> Declara un objetivo concreto. Por ejemplo, "Quiero tener un auto". A continuación, pregúntate para qué. Responde, y vuelve a preguntarte para qué. Responde, y vuelve a hacerlo. La idea es repetir esto hasta conectar con algo que sea una experiencia. Por caso, "Quiero tener un auto para sentir libertad".

Con toda seguridad, tu deseo o valor fundamental será algo equivalente a lo siguiente:

- **Plenitud**
- **Libertad**
- **Felicidad**
- **Paz**
- **Amor**

Y, si tienes alguna duda sobre esto, pregúntate qué sería más valioso que vivir con plenitud, felicidad, libertad, paz y amor. Es muy probable que no se te ocurra nada más. Tal vez pienses en el éxito (obtener resultados), aunque considerado como un valor de transición aún más valioso, por ejemplo, considerando que, si tienes éxito, puedes lograr felicidad.

DOS DIMENSIONES

Los valores se pueden abordar desde dos dimensiones: la externa (tener) y la interna (ser).

La externa es la que depende de las circunstancias. La interna es algo que podemos provocar y generar desde nuestra sensibilidad. La experiencia externa está relacionada con el obtener, el resultado, el lograr, mientras que la interna tiene que ver con el proceso, con el hacer, con el esfuerzo, con el camino. Desde esas dimensiones abordaremos cada uno de estos valores universales.

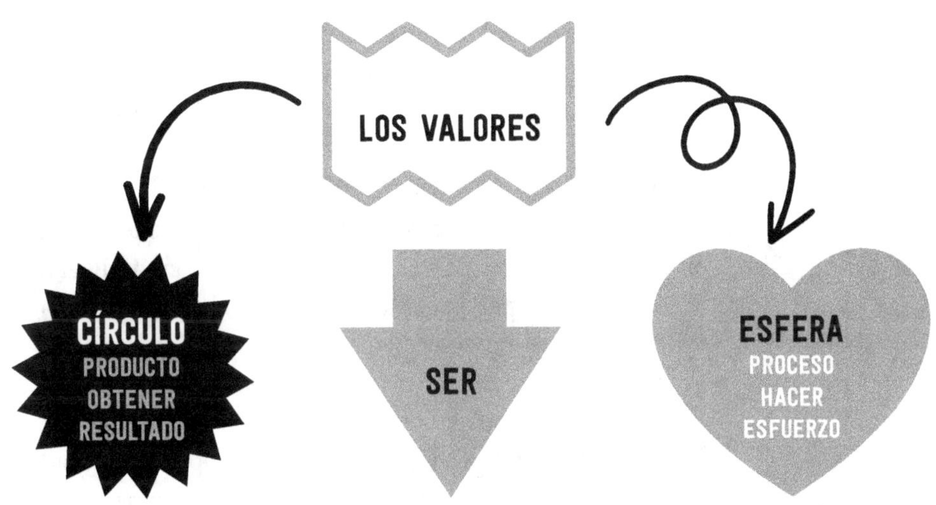

	FELICIDAD	
OBTENER LO QUE SE DESEA (MIEDO A LA PÉRDIDA)	FELICIDAD	DEJAR EL CORAZÓN EN POS DE NUESTROS SUEÑOS
ACTUAR SIN RESTRICCIONES NI IMPEDIMENTOS PARA ALCANZAR LO QUE SE DESEA (IMPOSIBLE)	LIBERTAD	ACTUAR DE ACUERDO A LOS VALORES, NEGOCIANDO RESTRICCIONES SIN SUFRIR NI IMPONER COERCIÓN
EL MUNDO BRINDA LAS EMOCIONES QUE ANSIAMOS	PLENITUD	SENTIRSE INMERSO EN EL CURSO VITAL DEL MUNDO
POSIBILIDAD DE UNIÓN CON EL OBJETO AMADO	AMOR	DESEAR FERVIENTEMENTE EL BIEN DEL OTRO Y SENTIR VICEVERSA
CUANDO EL MUNDO SE ADECUA A NOSOTROS	PAZ	CUANDO NOS ADECUAMOS AL MUNDO

SATISFACCIÓN CON EL PRESENTE, ACEPTACIÓN DEL PASADO Y CONFIANZA EN EL FUTURO. EXPERIMENTAR SENSACIONES, EMOCIONES Y PENSAMIENTOS DE DISTENSIÓN Y BIENESTAR.

La felicidad abordada desde un punto de vista externo está predeterminada para obtener lo que deseamos. Queremos determinada cosa, la obtenemos y sentimos felicidad. Pero, entonces, aparece también el miedo a la pérdida. Porque nos compramos el auto que queríamos, pero tenemos miedo de que se raye, de que nos lo roben. Desde el punto de vista interno, en cambio, podemos verlo como dejar el corazón en pos de nuestros sueños. Porque, en ese caso, la felicidad no es llegar al final: es el camino. Esas personas que hacen lo que les gusta son felices; no están pensando: "Uy, lunes de nuevo, ¿cuándo llegan las vacaciones?". Desde esta perspectiva, entendemos la libertad vista desde una experiencia externa como actuar sin restricciones ni impedimentos para alcanzar lo que deseamos. Esa idea resulta infantil y casi imposible, porque vivimos en una sociedad con normas, por lo cual hay restricciones. En cambio, si la vivimos desde el punto de vista interno, entendemos que es actuar libremente de acuerdo a nuestros valores, negociando restricciones sin sufrir ni imponer coerción. Es decir, sabemos que nuestros derechos llegan hasta donde está la frontera del derecho de la otra persona, y entonces podemos negociar. A la vez, sabemos que no tenemos libertad infinita, pero sí la de actuar de acuerdo a nuestros valores.

La plenitud vista desde lo externo sostiene que el mundo brinda las emociones que ansiamos. Tenemos la expectativa de que el afuera nos genere esas emociones; entonces, esperamos que el día esté lindo, que no haya mucha fila en el supermercado, que nos toque un compañero divertido en el trabajo nuevo. Desde el punto de vista interno, es sentirse inmerso en el curso vital. Esto es, básicamente, cuando sentimos que nos comemos el mundo. Y no es arrogancia: es estar inmersos en lo que está ocurriendo y totalmente presentes, desde una posición de poder construir y crear.

Desde lo externo, el amor es la posibilidad de unión con la persona u objeto amados. El dilema es cuando no hay posibilidad de unión, cuando la relación no prospera. Pero, desde el punto de vista interno, amor es desear fervientemente el bienestar de la otra persona y sentir que estamos bien porque la otra persona también tiene ese mismo objetivo como compromiso. Sin embargo, a veces, el bienestar no está en seguir unidos. Esta emoción aparece después del dolor de terminar una relación, y eso también es un acto de amor. Finalizar una pareja de la que sabemos que no funciona —que seguir adelante implica jugar con el tiempo vital de la otra persona— es un acto de amor. Doloroso, sí, y que del otro lado hasta tal vez puede sentirse cruel. Pero es un acto de amor al fin.

Finalmente, la paz desde la dimensión externa se da cuando el mundo se adecua a nosotros. Cuando el contexto está en calma, no hay mucho ruido, y nadie nos molesta. Eso no siempre es así; entonces, desde una experiencia interna, estar en calma se da cuando tenemos la flexibilidad y apertura para adecuarnos al mundo. Y, si viene una ola, surfearla como venga. También hay satisfacción del presente y aceptación del pasado como algo fáctico que no podemos cambiar y, a su vez, confianza en el futuro.

> Todos los seres humanos aspiramos a experimentar estados de felicidad, plenitud, libertad, amor y paz. Pero no como una experiencia transitoria (dependiente de las circunstancias), sino teniendo la posibilidad de poder generarlos cuando nos comprometemos a eso.

Para ello es necesario dar estos dos pasos:

1. **Despegarse del obtener (producto) y enfocarse en el hacer (proceso)**, y principalmente en quiénes somos durante el mismo. Para eso es necesario tomar consciencia de que siempre estamos viviendo sobre la base de valores, que son los que nos guían. Lo que requerimos hacer es ver qué tipo de valores estamos siguiendo en función de los comportamientos que adoptamos.

2. **Identificar los valores luz y sombra**, para poder desarticular los mecanismos que nos insertan en hábitos improductivos, y alinearlos para que sumen a nuestro propósito y autorrealización. Si te estás preguntando qué son estos valores luz y sombra, te invito a leer el capítulo que sigue.

LOS VALORES LUZ Y SOMBRA

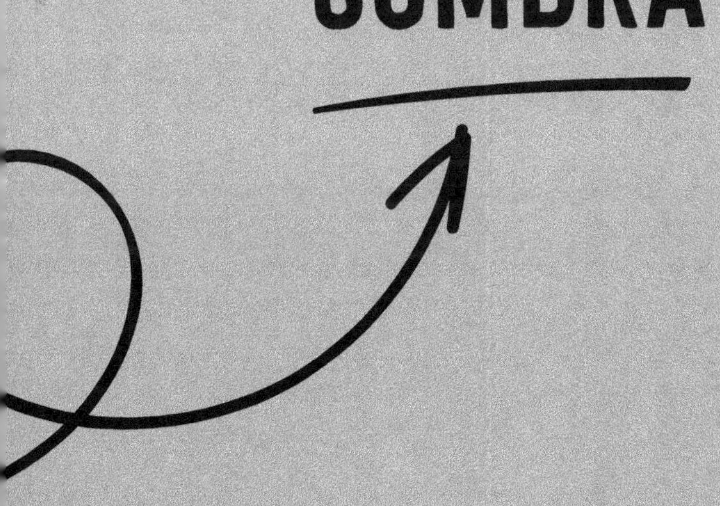

En todo ser humano existen los valores luz y sombra, valores que, al contraponerse, nos llevan a hábitos improductivos, lo que genera mecanismos de acción que obstaculizan nuestros objetivos en la vida. Veamos algunos ejemplos para comprender mejor de qué se trata esta contraposición.

Supongamos que estoy trabajando más de la cuenta. Eso hace que esté menos tiempo con mi familia, lo cual me vuelve menos efectivo con mi trabajo, y eso a su vez hace que mi reconocimiento (la mirada del otro sobre mí) cambie. Entonces, considero que debo hablar con mi compañero de oficina que se va siempre antes de hora, porque que él se vaya quiere decir que tengo que compensar lo que no hace. ¿Qué voy a hacer?, abrir una conversación con él para cubrir mi interés, que es estar más con mi familia y cuidar mi imagen. Y hago eso pero, ante la primera negativa de mi compañero, me enojo y sobrerreacciono. Me pongo vehemente y llego al punto de decirle palabras hirientes.

Ahora bien, ¿por qué me enojo y qué información trae esa emoción? Probablemente, apareció o se activó otro íntimo interés que está en una pirámide invertida (como si fuese una sombra, el lado oscuro).

Siento que mi compañero no me está reconociendo y validando, y que eso no es justo. Este es el nuevo íntimo interés. Y el enojo me da la fuerza para tomar acciones que en otro estado no podría. Por ejemplo, puedo sentir indignación, un nivel de enojo en el que está en juego mi dignidad, porque no está valorando mi soberanía personal, que es la que vengo a defender, y juzgo que eso no es justo. Entonces, sobrerreacciono y llego a ser hiriente. Conforme pasa el tiempo en esta clase de situaciones, empezamos a darnos cuenta de que "se nos fue la mano", y entonces aparece la emoción de la culpa, por sentir que hay un desequilibrio en esa interacción. Esa culpa nos mueve a compensar el mal que creemos que hicimos, y aparece otro interés en esta pirámide invertida: el de compensar y remedar el daño causado. Pero, si podemos interpretar a través de esta matriz cuál es el interés que está en juego y que nos emociona de esta manera, podemos hacernos cargo de eso deseado y valorado de una manera más directa y asertiva.

La clave es poder gestionar y ser inteligente con las emociones, entender qué información nos traen, y así poder manejarlas.

Si, por ejemplo, nos damos cuenta de que el enojo que aparece está relacionado con poner un límite porque lo que pasa no es justo, en ese momento podemos hacer una interrupción en la conversación y reflexionar, bajar la energía y la intensidad, y generar estrategias para lo que queremos lograr. Tomar consciencia y ubicarnos en un tono emocional acorde a lo que necesitamos.

El mismo hecho desata distintas emociones según cuál sea el objeto del cual nos estamos haciendo cargo, ya que, sobre el mismo hecho, nacen diferentes intereses. Lo que se corporiza en nuestro contexto tiene que ver con las necesidades, porque nuestras acciones buscan satisfacerlas. Es así como tenemos necesidad de seguridad, de validar, de conexión, de amor, de importancia, de que nos reconozcan, de estar protegidos, de autorrealización.

Como seres humanos, requerimos encontrarle un sentido a la vida. Y, a partir del sentido, también vamos generando la narrativa de quiénes somos en el mundo, cuáles son los valores que nos guían, para qué avanzamos.

Como cité anteriormente, existimos porque nuestra biología se mantiene en funcionamiento y nos permite sobrevivir, pero somos cuando nos conectamos con el sentido más allá de la mera supervivencia. Y ese Ser que somos tiene sus necesidades. Algunas son muy básicas y otras, más elevadas. En este sentido, todo lo que aparece como emoción es un impulso, un pedido de hacernos cargo de estas necesidades en cualquiera de los tres niveles que detallábamos en el capítulo 5 (supervivencia, conveniencia y/o trascendencia). Ahora bien, el interés que se activa nos mueve a satisfacerlas. Eso es lo que nos moviliza: interés por la vida y todo lo que ella abarca. Por ejemplo, podemos declararnos ser personas creativas, amorosas y sensibles que estaremos al servicio del bienestar de otras personas. Esa es la promesa que nos hacemos para nosotros y que, además, incluye a los otros. Si nuestro íntimo interés está en congruencia con esa declaración, es muy probable que podamos generar una identidad poderosa que se motorice a partir de proyectos exitosos que nos lleven a vivir experiencias de plenitud y de abundancia. Pero se requiere que seamos coherentes y medir si estamos siendo quienes declaramos ser en las acciones que hacemos.

En la medida en que declaremos una identidad (quiénes somos), tengamos estándares claros de cómo medirlo, actuemos en consecuencia (ser-hacer-tener), vamos a tener en nuestra vida ese tipo de resultados que queremos, posibles de medirse con los estándares. Los valores van a ser la fuerza que respalde eso, a la vez que nos permitirán enfocar la energía y darnos cuenta de qué lugar es el nuestro, de qué cosas nos hacen sentido, de qué cosas nos hacen sentir en afinidad y de cuáles nos empiezan a incomodar porque no tienen que ver con nosotros.

> Y, una vez que somos, hacemos, tenemos y damos.
> Y ese es el valor que venimos a dar en el mundo, pero estamos incluidos,
> porque todo lo que damos tiene que ver con quiénes somos.
> Es imposible que nos vaya mal si estamos siendo en cada instante de
> nuestra vida lo que nos comprometemos a ser.

El desafío es ser coherentes con esa declaración en las acciones.

¿Y DÓNDE ESTÁN NUESTROS VALORES?

Los valores están en cada momento de nuestra vida. Estos determinan nuestras acciones y, por lo tanto, nuestro destino. De hecho, llamamos "valores" a la fuerza detrás de nuestras acciones. Como decíamos antes, no podemos movernos fuera de la trama de interés, y nuestra necesidad por lograr o defender esos valores es lo que activa el magnetismo de nuestros intereses.

Cada uno opera en forma de dos fuerzas contrapuestas. Vivimos movilizados por fuerzas conservadoras y por fuerzas transformadoras. Las primeras están orientadas a la preservación de patrones de conducta aprendidos relacionados con nuestra autopercepción de identidad. Las segundas están orientadas a desarticular creencias, aprender lo nuevo y poder crecer en el sentido de autorrealización.

Tenemos pensamientos que nos generan emociones y que nos insertan automáticamente en determinados cursos de acción. Cuando esto se repite, generamos hábitos emocionales y conductuales que van forjando nuestra identidad.

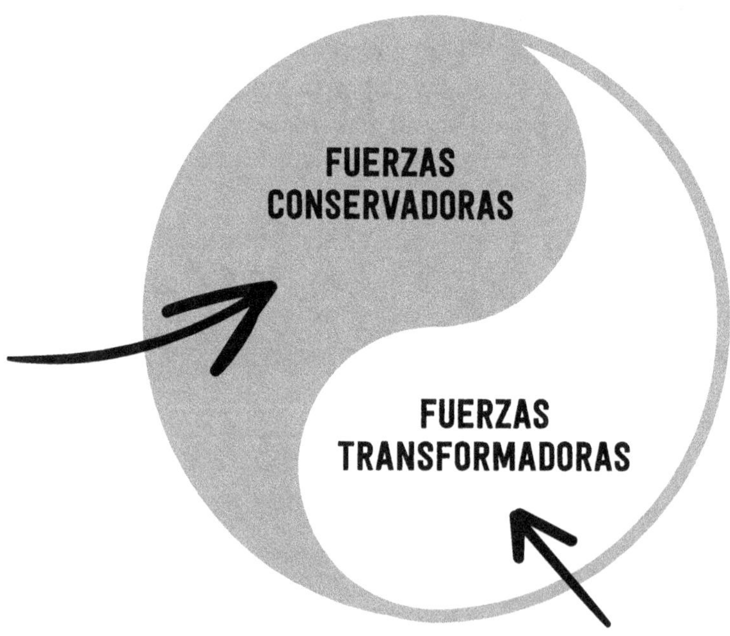

El juego de ambas fuerzas busca mantener el equilibrio para la supervivencia del ser humano. Y el encargado de operar para que este balance se mantenga es nuestro modelo mental. Pero hay una paradoja:

para la mente, el propósito de supervivencia no es el ser humano, sino su "modelo de archivo". Cuando la mente lo ve amenazado, nos pone palos en la rueda. Nos autoboicotea, nos presenta conversaciones limitantes. No termina con nuestra vida (porque nos necesita vivos para que podamos pasar nuestros genes a la próxima generación), pero sí con nuestro crecimiento y con nuestra autorrealización, dejándonos con una suerte de sobrevida. Con lo predecible, con lo mínimo indispensable.

Por eso, ese equilibrio entre ambas fuerzas puede causar sufrimiento. ¿Cuántas veces hemos querido adquirir un hábito saludable y, sin embargo, por alguna razón terminamos siempre en otros improductivos? Eso es porque la mente está satisfaciendo intereses íntimos, pero que están desconfigurados con respecto al ser que somos hoy. Como describe Kofman, la mente funciona como un termostato que automáticamente enciende el calor o el frío para mantener una temperatura prefijada. El problema surge cuando ese termostato queda seteado en una conducta improductiva y nos juega en contra. Porque, aunque solemos ver el equilibrio como algo saludable, a veces puede ser disfuncional. Lo que se requiere, entonces, es romperlo.

**DINÁMICA
PON A PRUEBA EL EQUILIBRIO**

Ponte de pie y toma consciencia de tu equilibrio. Siente las plantas de los pies hacer contacto con el piso. Tus talones, tu metatarso, tus dedos. Obsérvate a ti mismo en total equilibrio, con todos tus deseos y aspiraciones.

☐ A la vez, percibe que todas esas cosas están en otro lugar. Es decir, tienes equilibrio, pero eso no alcanza para obtener el resultado que deseas. Si eso que tanto quieres se encuentra en otro lugar, lo primero que se requiere es moverse hacia este. Y, así, el movimiento se convierte en lo opuesto al equilibrio.

☐ Prueba dando un paso hacia adelante, estudiando cada movimiento. Fíjate en que, para avanzar, es preciso romper ese equilibrio.

Esto es una breve y simple metáfora de que la forma de avanzar a veces es romper ese equilibrio. Así salimos de la prisión equilibrada. Y, para hacerlo, necesitamos no solo voluntad, sino también conocer el sistema.

MIEDO VERSUS AMOR

Las dos fuerzas vitales están movidas por dos emociones básicas y contrapuestas: el miedo y el amor. Son opuestas, pero ambas son necesarias. El miedo nos permite cuidarnos y autopreservarnos, seguir vivos. Se origina al percibir que algo valioso para uno está en peligro. Es decir, para tener miedo a perder algo, es necesario valorarlo antes. El amor es lo que nos motiva a crecer, aprender, crear. No podemos prescindir de ninguna de estas dos emociones. La clave es poder administrarlas de forma efectiva. Deberíamos verlas como opuestos complementarios. Como la electricidad, que tiene un polo positivo y uno negativo, y que necesita ambos para lograr corriente.

El poeta Yibrán Jalil Yibrán dijo: "Toda persona es dos personas. Una está despierta en la oscuridad, y la otra está dormida en la luz". Así podríamos entender también las fuerzas conservadoras y transformadoras, y los valores sombra y luz que nos habitan.

Cuando tenemos un objetivo, lo que nos mueve a desearlo es la fuerza transformadora básica, el amor a uno mismo, el objetivo en sí, el propósito, las personas involucradas. Pero, cuando no logramos aún ese objetivo, el dolor aparece. Y una forma de procesar ese dolor es la queja. En el fondo, la persona que se queja siente un enorme dolor. Entonces, lo metaboliza mediante conversaciones sobre ese problema, a fin de, justamente, no hacerse cargo de en qué medida es responsable de lo que ocurre. Quien está en el rol de víctima se queja y pone la fuente de su sufrimiento afuera. La culpa la tiene el otro: el jefe, el compañero de oficina, el gobierno, la vida. Esa es una forma de resistir, primero el problema o lo que no funciona, y luego tomar la parte que le toca en el asunto.

A veces pasa todo lo contrario. En lugar de caer en el rol de víctima, asumimos la culpa, pero no desde una posición de responsabilidad. No nos posicionamos como "fuente" y vemos en qué medida podemos transformar las cosas, sino que nos hacemos parte del problema y nos castigamos por lo que nos pasa. Ahí radica la diferencia entre culpa y responsabilidad.

> La culpa es una emoción social, la responsabilidad es un compromiso social.

La responsabilidad es una actitud, un posicionamiento vital con lo que nos comprometemos. La culpa es lo que sentimos con lo que ocurre si percibimos que lo que hicimos lastimó o dañó a un tercero. Y la autoculpa es una distorsión de esa responsabilidad, una forma de evadir el rol de víctima, pero ubicándonos en el otro extremo.

Normalmente, cuando nos damos cuenta de que hay algo que no funciona, lo vemos como un problema y tendemos a solucionarlo. Pero tengo otra propuesta: dejar que el problema nos solucione a nosotros. Amigarnos con eso que vemos como problema y ver cuáles son las fuerzas que están operando en él para que siga ocurriendo. El propósito es escuchar la inquietud e información que trae el problema.

LA CULPA ES UNA EMOCIÓN SOCIAL; LA RESPONSABILIDAD ES UN COMPROMISO SOCIAL

DINÁMICA A-B-C-D

Vamos a graficar todo esto con una dinámica inspirada en el ejercicio de conflicto de valores que propone Fred Kofman en Metamanagement. El fin es poder ahondar en esa intención que no vemos, pero que, sin embargo, determina nuestras acciones y resultados, y poder desarticular ese mecanismo.

☐ Párate en un punto concreto de la habitación. Por delante de ti, visualiza un objetivo que tengas. Eso será A.

☐ Ahora pregúntate por el propósito de A. Supongamos que A es "Quiero ir al gimnasio tres veces por semana". El propósito, entonces, tiene que ver con el beneficio que eso te va a traer, por ejemplo, "estar saludable y poder mirarme y estar conforme con lo que veo". O sea, salud y bienestar. Ese propósito es B, y son los valores luz.

☐ Ahora debes preguntarte qué estás haciendo que te impide alcanzar A. La pregunta debe hacerse en positivo, no en negativo, a fin de simplificar el proceso del ejercicio. Por ejemplo, ¿qué estás haciendo en lugar de estar yendo al gimnasio? Ese cuestionamiento permite explorar qué estamos haciendo en nuestra vida cotidiana que resta energía, tiempo y recursos a las acciones que nos llevarían a lograr el objetivo. Algunas respuestas posibles a mi ejemplo podrían ser "pasar mucho tiempo en redes sociales, dormir más, mirar Netflix". Todas las cosas que no son malas por sí mismas, pero que se convierten en el punto C, se consideran acciones obstáculo.

En general, una vez que las reconocemos, lo primero que hacemos es buscar corregirlas. Dejar el teléfono de lado, poner la alarma para levantarnos antes, mirar menos series. Pero esas buenas intenciones duran poco tiempo, porque seguimos sin escuchar cuál es el valor que está en contraposición al valor luz.

La siguiente pregunta es cuáles son las estrategias del ego (esas que vimos en el capítulo 5) que se relacionan con C (las acciones obstáculo). ¿Evitar el dolor, lucir bien, tener razón o estar en control? Pueden ser varias o todas. El punto es que elijas aquella que sientas con más fuerza o que tenga más sentido para ti. Una vez que la identifiques, pregúntate: ¿qué te brinda esa estrategia en este tema? Por ejemplo, pasar tiempo en redes sociales lo identificas con estar en control o lucir bien porque, desde tu mapa mental, ir al gimnasio es un riesgo, ya que te expone al juicio ajeno y a la mirada del otro. Así, quedarte en casa te asegura no pasar vergüenza y, por ende, lucir bien. ¿Y qué proporciona ese lucir bien? Comodidad, seguridad y saber que estás en un lugar que conoces. ¡EUREKA!

Esa seguridad es el punto D, el valor sombra.

Dado todo esto, tienes configurado en tu modelo mental que algunas veces, para poder sentir bienestar (el valor luz), necesitas renunciar a la seguridad (el valor sombra). Si hasta el momento no has podido alcanzar A para obtener B, es porque han sido más fuertes las acciones C alineadas al compromiso de D. Es decir, has cuidado más a D que amado o valorado a A. Allí puede verse cómo está configurado este equilibrio de opuestos en tensión. Por un lado, están las fuerzas de realización o de autorrealización, como el querer ir al gimnasio, hacer actividad física, tener salud y bienestar y, por el otro, está la protección, el no querer exponerse frente a personas que no conocemos, algo que nos hace sentir inseguros. Este es un equilibrio de fuerzas totalmente improductivo y disfuncional.

La mente siempre busca acuerdo. Es importante ver cuáles son los supuestos que te llevan a mantener este equilibrio antitransformación, automático y basado en creencias. En creer, por ejemplo, que D es más importante que B. O que la única forma de obtener el valor luz es renunciar al valor sombra. Porque basta ponerse a reflexionar un poco para entender que, si fuéramos al gimnasio, nos veríamos mejor y, entonces, nuestra seguridad aumentaría. Lo que suponemos en primer lugar es ilógico, pero está generado a partir de experiencias que se dieron en nuestro crecimiento. Tenemos hipótesis no comprobadas porque no nos animamos a mirar abajo del iceberg; solo vemos lo que está arriba.

Hay creencias que mantienen este equilibrio que deja de ser funcional para nuestra autorrealización. Está sustentado en supuestos que tomamos como si fueran verdades, juicios que tenemos sobre nosotros mismos, en los que ubicamos, en polos opuestos, cuestiones que tal vez no están separadas. La seguridad no tiene por qué estar en tensión con el bienestar.

> El problema es que nuestros modelos mentales nos hacen creer que, para conseguir lo que queremos, debemos correr el riesgo de conseguir lo que no queremos. Nos presenta la realización y la protección como opuestos.

En muchas situaciones de la vida, nos encontramos atrapados y frenados por conflictos de valores, fuerzas que buscan distintas experiencias que nuestro modelo mental juzga como opuestas o como contradictorias. Al escuchar el problema y poder descubrir cuál es el valor sombra, podemos encontrar una forma de satisfacerlo que no sea renunciar al valor luz.

Una vez que podemos salir de ese equilibrio improductivo, podemos pasar de tener razón a crear evidencia de que podemos generar resultados, el estilo de vida que queremos. Pasar de vernos bien a movernos con autenticidad. Pasar de estar en control a recuperar el poder personal para salir de nuestra zona de confort y desarrollarnos. Y pasar de evitar el dolor a vivir en paz. Tomando la frase anterior, en vez de seguir dormidos en la luz, vamos a buscar despertarnos en la oscuridad.

COMPROMISOS LUMINOSOS Y SOMBRÍOS

onde existe una tensión, hay una necesidad —que puede ser satisfecha o no—, que se presenta como una trama de hilos sostenida por postes. Mientras todos están al mismo nivel, no hay tensión, porque están todos en equilibrio. Pero, cuando un poste se quiebra, en ese nodo empieza a generarse una tensión desigual. Esto es lo que sucede cuando una necesidad se activa: se produce una tensión diferente en el campo que nos genera la intención; empezamos a sentir esa necesidad y nos mueve a actuar. Esta tensión es la usina de anticuerpos para el cambio si no se activan en nosotros intereses de trascendencia que nos motoricen a dar el paso y avanzar.

Lo que hicimos hasta este momento de la expedición es crear un mapa del sistema de fuerzas internas que mantienen el equilibrio, aun ante nuestro deseo de cambio. De esta manera podemos pensar en salir del mapa para entrar al territorio, desapegarnos y adquirir una perspectiva más amplia. Sin embargo, para cambiar no solo es necesario encontrar los caminos, sino también transitarlos.

"LA MENTE BUSCA ACUERDO"

HIPÓTESIS NUNCA COMPROBADAS

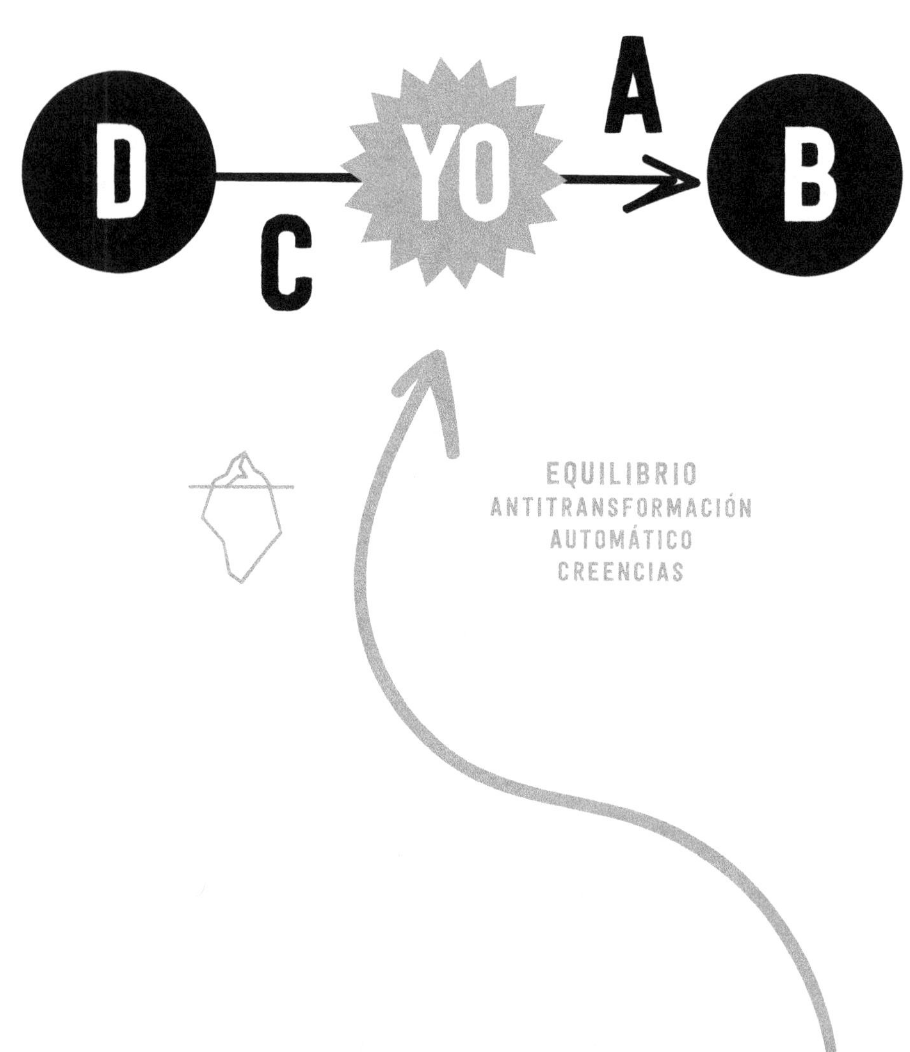

EL PROBLEMA DE LOS SUPUESTOS

Para economizar atención, la mente se habitúa a pensar a partir de supuestos fundamentales: "lo automático", que muchas veces responde a lo que se conoce como el cerebro de reptil, el más instintivo que poseemos, que controla los músculos, el equilibrio y las funciones autonómicas, tal cual en el caso de los reptiles. Por ejemplo, si mi auto no funciona, busco arreglarlo sobre el supuesto de que, si una máquina no funciona, es porque tiene un desperfecto en el motor. Aun si lo lleváramos a un mecánico y siguiera sin funcionar, seguiríamos creyendo esto, y no que alguien le hizo un hechizo para descomponerlo. Si pensáramos eso, estaríamos juzgándolo desde una perspectiva irracional. Al menos en esta era... Cualquier explicación respetará ese principio. Es decir, ahí ya tenemos un supuesto que se toma como si fuese una verdad. Y se parte desde ese punto cero, aunque pueda ser algo discutible.

Suele decirse que nosotros no tenemos estos hábitos; más bien estos hábitos nos tienen a nosotros, ya que todo esto se da desde nuestra mente inconsciente en piloto automático. El problema es cuando este piloto está mal programado o desactualizado, como puede suceder con un GPS. En ese caso, todo comportamiento basado en estos supuestos inconscientes está fundamentalmente viciado. Por eso es que el mero cambio de acciones no alcanza.

Para alcanzar objetivos, es necesario transformar nuestro modelo mental para que nos muestre nuevos caminos. Es necesario desafiar nuestras "verdades" dogmáticas, aquellas opiniones o puntos de vista que tomamos como hechos.

La mente busca tener razón con respecto a lo que tiene armado, y buscará siempre lo conocido. Como sostiene el neuropsicólogo Richard Gregory, "los sentidos no nos dan una imagen directa del mundo, sino una evidencia para verificar las hipótesis 'armadas' acerca de lo que se encuentra a nuestro alrededor". Los supuestos de nuestro modelo mental son reglas. Ni verdaderas ni falsas, solo reglas. A veces sirven y a veces no. Es en ese último caso cuando conviene desafiarlas.

DESMITIFICAR NUESTRAS VERDADES ABSOLUTAS

Siguiendo con lo que vimos en el capítulo sobre valores luz y sombra, estaríamos, entonces, ante un mapa del equilibrio interno. Este es así:

"Quiero **A**, porque estoy comprometido a conseguir **B**. Pero me descubro haciendo **C**, que va contra mi objetivo. Hago **C** porque también estoy comprometido a conseguir **D**".

Dicho en un ejemplo:

"Quiero hacer ejercicio porque estoy comprometido con mi bienestar, pero me descubro mirando Netflix más tiempo del que debería. Y hago eso porque también estoy comprometido con estrategias para no exponerme y cuidar mi imagen".

Este razonamiento nace de algunos supuestos, casi algoritmos mentales. Son como cableados y conexiones que hacemos de forma automática, con los que llegamos a alguna conclusión. Aquí hay algunos:

- **C** es la única manera de obtener **D**. Si no hago **C**, no podré conseguir **D**.
- Si no consigo **D**, ocurrirá algo terrible y sufriré mucho tiempo.
- El no conseguir **D** me hará sufrir más que no conseguir **B**.
- Por lo tanto, es mejor seguir actuando como hasta ahora.
- Dado que **C** es opuesto a **A**, no puedo conseguir **A**.
- Y, como **A** es la única manera de conseguir **B**, debo resignar **B**.

Estas creencias operan desde la inconsciencia como si fueran verdades absolutas. Por eso, a pesar de todos los argumentos racionales a favor del cambio, la persona sigue atascada. La única manera de salir de este pantano es comprender que el razonamiento está basado en hipótesis nunca comprobadas. La idea es traer a la superficie los supuestos de nuestro modelo mental mediante un análisis contrafáctico.

Piensa qué estás haciendo hoy para conseguir **A**. Si existe una negación en la respuesta (como, por ejemplo, "Estoy comprometido con no exponerme"), elimina los negativos y escribe, en cambio: "Supongo que, si cuidara mi imagen...".

Si no existe negación (como, por ejemplo, "Estoy comprometido a cuidar mi ego"), agrega el negativo. Quedaría algo como "Supongo que, si no cuidara mi ego...".

Luego, agrega la dimensión emocional contestando a la pregunta de cómo te sentirías en el caso contrario. Según el ejemplo, la oración quedaría así: "Supongo que, si no cuidara mi ego, terminaría con mucha baja autoestima y me sentiría muy triste y angustiado".

Esta es la creencia que habita en esa dinámica de **A-B-C-D**.

LOS PASOS DE LA RAZÓN

Hay algunos pasos para desarticular este mecanismo y modificar las creencias que nos limitan.

El primero es verlos como supuestos que sustentamos en vez de verlos como verdades que nos sustentan. En lugar de mirar a través de estos, podemos alejarnos y mirarlos. Sacarnos los anteojos.

Aquí te propongo algunas preguntas para esto:

¿Cuándo aprendí que esto es así? ¿Dónde fue?

¿De quién lo aprendí? ¿Con la voz de quién/quiénes escucho esta creencia en mi mente?

¿Qué es lo que hago importante al sostenerla?

¿Qué es lo que defendía o ganaba con esto? ¿Y qué es lo que pierdo ahora a raíz de esta creencia?

¿Qué rol ocupo en el mundo operando desde esa creencia? ¿Cómo me veo de aquí a 10 años si no hago un cambio al respecto?

¿Qué opinaría el héroe favorito de mi infancia al respecto?

¿Cuál sería la creencia diametralmente opuesta?

¿En qué medida esta creencia está alineada a quién quiero ser hoy?

¿Cuál es el permiso que requiero darme para salir de esto?

El segundo paso consiste en saltear los intermediarios. Es decir, descubrir cuál es el valor que está escondido detrás de tu compromiso sombra. Por caso, si tu compromiso sombra es el "verte bien", deberías descubrir qué experiencia te genera eso. Puede ser amor o plenitud, valores universales.

Una vez identificados estos valores, podremos cambiar el cómo alcanzarlos. En vez de procurar llegar a estos mediante el "verme bien" (que depende de la mirada u opinión de otra persona), podemos enfocarnos en amarnos y amar al otro tal como somos y como es. Es decir, vivir el valor sin vueltas, desde una dimensión interna.

INTEGRAR LAS POLARIDADES

Un paso más profundo aún es aprender a navegar entre los extremos. Encontrar el eje entre los polos y descubrir los puntos intermedios. El pensamiento reversible propone una forma flexible de pensar, sin buscar tener razón, sino habilitando más de dos vías de acción en cada situación. Se basa en tres pilares:

1. Todo conflicto es un choque entre dos polos. ¿Encuentras los dos polos?
2. Los dos polos son los extremos de un eje. ¿Cuál es ese eje?
3. El eje tiene grados intermedios entre un polo y otro. ¿Puedes descubrir los grados o puntos intermedios?

Es la posibilidad de pensar los dos polos a la vez: un aspecto y su opuesto, teniendo en cuenta el abanico de opciones en el medio.

Pensar de forma reversible significa entender que, cuando nos enfocamos en una cualidad, nos olvidamos de la contraria. Es razonar de forma bidireccional. Porque tener dos polos no siempre implica conflicto.

La Ley de Polaridad establece que todo lo que existe en el universo tiene un opuesto igual y exacto. Así como en la electricidad hay partículas positivas y negativas, en todos los niveles de la vida existen estos poderes que se contraponen. Y, en general, cuando nos polarizamos por completo a un lado, tarde o temprano, la vida nos lanza hacia el otro extremo. Por eso, por ejemplo, valoramos las cosas una vez que las perdimos.

Pero nuestro fin no es habitar los extremos, sino poder movernos libremente entre estos hasta encontrar un punto medio que, si bien no hace desaparecer las diferencias, nos permite transitar de un lugar a otro, más cómodos y más seguros. El pensamiento reversible es la base de esto. Podemos imaginarlo como un péndulo, que se mueve de un lado al otro, pero que en ciertos temas se frena en un extremo. Y ese freno no es gratuito; requiere mucha energía y desgaste, al tiempo que nos hace perder la riqueza de las opciones intermedias.

Ahora es tiempo de retomar la idea final de encontrar el eje y elegir entre esos puntos intermedios. ¿Y qué es el eje? La temperatura sería entre el frío y el calor. Y, aunque el eje entre el bienestar y el vernos bien es subjetivo, un punto de consenso podría ser, por ejemplo, el amor propio. Desde la distinción de ese concepto se pueden comenzar a buscar distintos estándares para lograr vivirlo.

MANDATOS E IMPULSORES

Por lo general, nos identificamos con los polos a partir de mandatos y contramandatos (también llamados "impulsores"). Y, para entender cómo funcionan, antes debemos hacer una breve introducción al Análisis Transaccional (AT): vivimos como si fuéramos tres personas en una, cada una con su personalidad completa, y lo sorprendente es que, cuando estamos en una de estas, nos olvidamos de lo que hemos vivido en las otras dos. Esas personalidades el AT las llama "Estados del Yo". Un Estado del Yo es un conjunto coherente —sistémico— de conductas, sentimientos y pensamientos.

Cuando uno reacciona, siente o piensa movido por la imitación de un comportamiento de una persona que influyó en su infancia, está en su Estado del Yo Padre, en un comportamiento prestado y del pasado. Técnicamente, no está actuando, sino que se limita a decirles a los demás lo que se debe hacer.

Cuando uno reacciona, siente o piensa de acuerdo con el aquí y ahora, con el momento presente, externo e interno, está en su Estado del Yo Adulto. Entonces, la acción dependerá de lo que es conveniente hacer.

Cuando uno reacciona, siente o piensa movido por una grabación antigua de una de sus emociones pasadas, está en su Estado del Yo Niño, en un comportamiento arcaico. En este caso, este Yo Niño no toma una acción efectiva, sino que actúa en función de lo que siente.

Según Eric Berne, el creador del AT, **los mandatos son mensajes parentales no verbales, que se transmiten por las conductas de los familiares y que influyen poderosamente sobre sus descendientes.** En general, tienen el formato de prohibiciones. Empiezan con "No"; el peor es "No vivas", y los más frecuentes, "No disfrutes", "No seas tú mismo" o "No pienses". No suelen ser cosas que los padres digan abiertamente, sino que el niño las aprende a partir de conductas, actitudes y emocionalidades de los adultos. Cumpliendo sus mandatos, un chico se adapta al ambiente que lo rodea. Lo malo es que tiende a mantenerlos toda la vida, aun cuando de grande cambie de ambiente.

¿Y para qué sirven los mandatos? Para motorizar nuestro argumento de vida.

Berne reemplazó el concepto mágico de "destino" por la noción científica del "argumento de vida": un programa concebido en la infancia a través de las influencias parentales y luego olvidado o reprimido, pero que continúa sus efectos en la vida adulta. Desde esta mirada, aunque siempre existe un variable grado de libertad en nuestras decisiones, el margen de esta depende de la intensidad y "maliciosidad" de los mensajes parentales a los que estuvimos expuestos durante la niñez.

El principal propósito del argumento vital es contestar a las preguntas esenciales de la existencia: ¿quién soy? ¿Para qué estoy en este mundo? ¿Quiénes me rodean? Según Berne, a medida que detectamos nuestro argumento de vida, podemos ir desarticulándolo para poder diseñar lo que el autor llama "Plan de Vida", que está en afinidad con nuestro propósito.

He aquí un cuadro para ilustrar las diferencias entre ambos.

	PLAN DE VIDA	ARGUMENTO DE VIDA
ORIGEN	Fijado por el adulto, que consulta lo que siente y necesita el niño y las normas y valores del padre.	Hecho por el adulto del niño bajo la influencia de los padres o de los sustitutos.
RACIONALIDAD	Racional, realista.	Irracional, mágico.
FLEXIBILIDAD	Es flexible, por responder a necesidades personales cambiantes con el tiempo y a las oportunidades que se ofrecen para satisfacerlas.	Es rígido, predeterminado en la infancia por las exigencias irracionales de las figuras parentales o por las fantasías del niño interno.
TEMPORALIDAD	Dirigido al futuro, pero vivido aquí y ahora.	Anclado en el pasado, desajustado en el aquí y en el ahora.
DESARROLLO PERSONAL	Es constructivo en cuanto al potencial personal.	Varía desde la limitación del "crecimiento" del potencial (argumentos banales) hasta la auto- o heterodestrucción.
INFLUENCIA SOBRE LOS DEMÁS	Da ejemplos positivos de conducta para otros ("arrancadores").	Encuadra a los demás en roles prefijados y rígidos.

LOS IMPULSORES (CONTRAMANDATOS)

Se llaman "impulsores" todas las órdenes orales dadas por los padres que "educan" al hijo. Permiten condicionar y adaptar al niño a su contexto sociohistórico. Son normas; algunas son posibilitadoras, otras pueden resultar nefastas. Esta especie de dispositivo psicológico nos lleva a operar según determinados criterios, y desde allí etiquetamos lo que es correcto y/o conveniente, y lo que no lo es.

Cuando el Estado Padre del progenitor se da cuenta de que ha transmitido a su hijo un mandato destructivo desde su Estado Niño, entonces le envía una serie de mensajes contrapuestos para, inconscientemente, salir de la culpa que eso le genera. Estos mensajes van del Estado Padre de los padres al Estado Padre del hijo: una serie de órdenes y definiciones verbales sobre el mundo y los demás, en general positivos, que consiguen el condicionamiento de una sociedad concreta y que le permiten la adaptación a esa realidad.

Para el hijo, los contramandatos y mandatos están en contradicción, pero se pueden conjugar porque están dirigidos a Estados del Yo distintos. O bien se viven los mandatos y los contramandatos de un modo secuencial, uno tras otro (por ejemplo, viviendo los mandatos en la infancia y en la adolescencia solo los contramandatos), o bien ambos se combinan reforzándose, a la vez que protegen a la persona de la angustia de la posición existencial negativa subyacente. En cuanto se deja de respetar el contramandato, emerge el mandato con su angustia asociada.

La persona, presa de este guion, pasa su vida dudando entre tener satisfecho su Estado Padre (contramandato) o su Estado Niño (mandato). A partir de esto, tome la decisión que tome, siempre sentirá que su vida es frustrante.

Los contramandatos se instalan entre los 3 y los 12 años. Podemos distinguir los cinco más importantes, dado que pueden ser muy limitantes cuando son repetitivos y se toman al pie de la letra:

1. "Sé perfecto".
2. "Sé fuerte".
3. "Apúrate".

4. "Complace".
5. "Intenta más".

Estos son observables mediante actitudes y comportamientos (palabras, frases, expresiones faciales, etc.).

Los contramandatos nos remiten a la conciencia moral vigente en la familia. Sirven para reforzar la pertenencia. Aunque estos "consejos" parentales son aparentemente recomendables y socialmente aceptables, en realidad, son perjudiciales. Conducen a perturbaciones en el pensamiento, el sentimiento y la acción. Cada uno de estos induce a una desviación hacia un extremo en algún aspecto. Si el impulsor que prevalece en mí es, por ejemplo "complacer", es posible que vea como correcto tener una actitud amable, ser flexible y adaptarme a las necesidades de los otros. Y también desde allí juzgaré como "negativas" las actitudes de firmeza, como por ejemplo poner límites o defender mi espacio personal. Por lo tanto, generalmente, me sentiré molesto o directamente evitaré el contacto con personas que muestren estas características.

Por eso, conocer nuestros mandatos e impulsores nos da la posibilidad de comprender e intervenir en las fuerzas subyacentes que nos llevan a polarizarnos y vivir en conflicto, tanto en nuestro espacio interno como en el externo.

INTEGRANDO POLARIDADES

Un buen ejercicio es tomar el polo "negativo" y estirarlo al extremo. Llevar uno de los polos a posiciones extremas nos permite ver más posibilidades intermedias y reconocer lo que sí está funcionando.

Pregúntate:

1. ¿Qué podría ser peor que esto? ¿Qué más puede salir mal?
2. ¿Cómo podría hacerlo mal o arruinarlo a propósito?

Si tomamos como ejemplo "cuidar nuestra imagen", algunas respuestas pueden ser:

- No expresar nuestros puntos de vista o nuestras emociones por miedo al qué dirán.
- Vivir paralizados por miedo a equivocarnos y ser juzgados por eso.
- "Arruinar" aún más la situación haciendo maratones interminables de series y comiendo comida chatarra, reforzando conductas antisociales como forma de no exponernos.

3. A partir de las respuestas anteriores: ¿qué aparece de nuevo en ese espacio creado a partir del estiramiento de un extremo? ¿Qué podemos ver como positivo del estado actual?

Luego, es tiempo de polarizar ambos polos e integrarlos.

1. **Del extremo que considero negativo: ¿cuáles pueden ser los puntos positivos de "cuidar mi imagen"?**
2. **Del extremo que considero positivo: ¿qué podría ser lo negativo de hacer ejercicio para "mi bienestar"? (puede servirte pensar en llegar a un extremo de esta conducta).**
3. **Ahora, tomando consciencia de lo positivo y de lo negativo en cada extremo, ¿qué elementos surgen para acercar esos dos polos?**

El siguiente paso es cambiar la vara, variando nuestras preguntas. Reemplazar por ejemplo el "cómo mirar" por el "cuándo mirar". Para esto, puede ser útil lo que en el *coaching* metacreativo llamamos "matrices experienciales". A través de estas podemos explorar los distintos fenómenos observando lo que pasa en el tiempo, el espacio, la materia y la energía.

Retomando la cuestión del "amor propio" como eje que pueda articular los polos "cuidar mi imagen" y "bienestar", hagamos ahora el ejercicio de encontrar al menos dos ejes más:

1. **Identifica conductas relacionadas a uno de los polos. Piensa, por caso, en los comportamientos relacionados con "cuidar la imagen", como mirar series en Netflix.**

2. **Explora la situación por fuera del eje original:**

- ¿En qué momento esto puede ser positivo? (dominio tiempo). Por ejemplo, "Durante fines de semana, en momentos en los que quiera despejarme un rato".
- ¿En qué lugar esto puede abrirme posibilidades? (dominio de espacio). Por ejemplo, "Cuando visito a un amigo y no tenemos actividades planeadas".
- ¿Para qué actividades encaradas (por ejemplo, dominio de la energía) esto puede apoyarme? Por ejemplo, "Cuando me interesa relajar, conectar con el ocio y con el disfrute. Si me enfoco en compartir actividades con otras personas".
- ¿Qué obtengo de positivo como resultado de esta actividad? (dominio de la materia). Por ejemplo, "Puedo desconectar del estrés de mi trabajo. Me permito disfrutar de un espacio personal sin culpa. Tengo material para compartir en los momentos que paso con mis amistades".

3. **A partir de las respuestas anteriores, ¿qué nuevos ejes podemos identificar?**

   a. Capacidad de ocio.
   b. Habilidad para relacionarme.

4. **Obsérvate ahora a partir de estas dos nuevas escalas. Vuelca tus datos en tu hoja de trabajo. ¿Cuál es tu conclusión?**

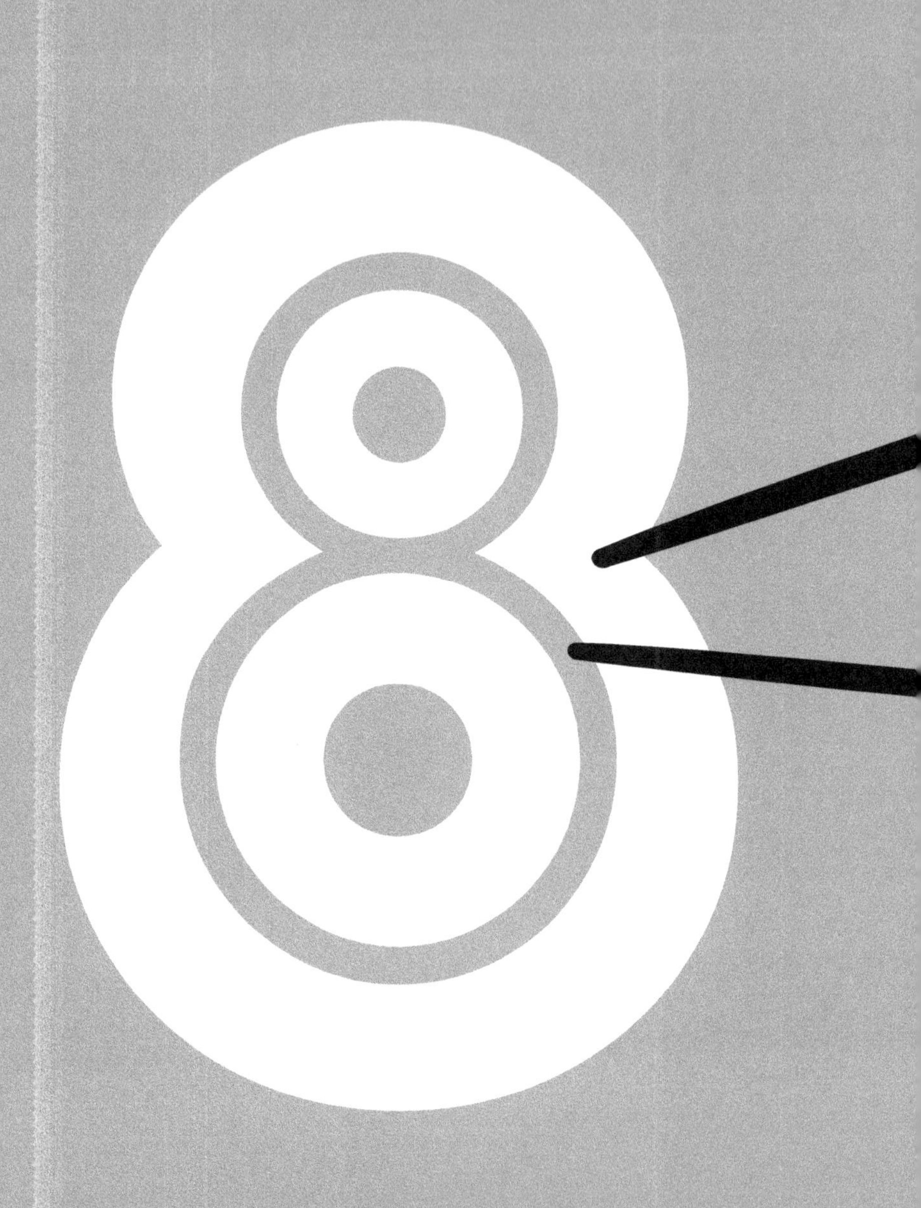

DE TALENTOS Y DE VICIOS

efinimos un talento como la combinación entre habilidad y virtud. La teoría de las inteligencias múltiples, del psicólogo y pedagogo Howard Gardner, cataloga estos en ocho inteligencias: lógico-matemática, lingüística, visual-espacial, corporal-kinestésica, intrapersonal, interpersonal, musical y naturalista. Él sostiene que la pregunta no es cuán inteligentes somos, sino de qué manera lo somos, partiendo de la premisa de que todos somos inteligentes en algún aspecto.

> Todos tenemos varias habilidades y virtudes pero, solo cuando se combinan, descubrimos un talento.

Por lo tanto, un talento es una habilidad que crea o busca un valor. En otras palabras, es cuando encontramos un "para qué trascendente" a eso que hacemos. Por ejemplo, puedo tener mucha capacidad para hablar y convencer a mis amigos de dónde ir de vacaciones pero, cuando esa habilidad la pongo al servicio de un equipo de trabajo, estoy cultivando un talento.

Algunas habilidades ya las conocemos y otras, quizás, las descubriremos en poco tiempo. En este capítulo profundizaremos en las virtudes que son la que se transformarán en talentos. Podemos decir que **la virtud es una cualidad que busca un valor de forma luminosa.**

LA VIRTUD ES UNA CUALIDAD QUE BUSCA UN VALOR DE FORMA LUMINOSA

Este ejercicio sirve para explorar dentro de nosotros y poder integrar, así, los distintos ámbitos de lo que creemos que es positivo para nosotros, como dones, habilidades y competencias, y lo que creemos que son nuestros defectos.

Elige un personaje que rechaces. Puede ser uno de la vida real o uno ficticio, como algún villano. Escribe por qué lo rechazas. Por ejemplo, "Rechazo a Stalin por autoritario y por asesino".

LA SOMBRA

Desde pequeños, vamos construyendo una personalidad ideal, amable y generosa. Influidos por los adultos que nos cuidan, por nuestros compañeros y por las situaciones que vivimos. La sombra será, entonces, ese lado que no se ajusta a la imagen ideal que tenemos de nosotros mismos. Llamamos "sombra" al lado oscuro, temido y no deseado de nuestra personalidad. Encerramos en el placar de la sombra aquellas cualidades que contradicen esa máscara de buenas personas que queremos sacar a la luz. Como dijimos antes, la sombra es un arquetipo del concepto de la psiquis humana elaborado por Carl Jung, donde se encuentra nuestra parte reprimida. En un intento de ajustarnos a ese ideal, rechazamos aspectos duros como la ira, el egoísmo, el deseo sexual o aspectos blandos, como nuestro lado soñador, emocional y poeta. Pero esas cualidades que rechazamos no dejan de existir. Al mandarlas a la sombra, simplemente, les negamos la salida al exterior y forman una especie de personalidad secundaria. El hecho es que, al reprimir esas cualidades duras o blandas, también inhabilitamos los aspectos positivos de estas. Los que esconden su agresividad, por ejemplo, también se pierden la manera de expresar abiertamente su decisión, su independencia, su posibilidad de poner límites. Y, al hablar de agresividad, no me refiero a la violencia, ya que las conductas agresivas son parte de toda especie viva porque implican la supervivencia, significando una conducta de defensa frente a la pérdida de algo vital. A la vez, aquellos que guardan su sensiblería dejan fuera de su vida parte de su capacidad de entrega, disfrute y ternura. En otras ocasiones no podemos ajustarnos a nuestra imagen ideal, y en este caso serán las cualidades positivas las que vayan a la sombra. Tendremos entonces una "sombra luminosa", en vez de una "sombra oscura".

Los seres humanos, a menudo, proyectamos nuestra sombra, tanto la luminosa como la oscura, sobre otra persona. La llenamos de "lo malo" o de "lo bueno". Jung dice que la sombra es 90 % oro. **Todo lo que reprimimos tiene una enorme cantidad de energía y muchas cualidades positivas por descubrir.** Cada parte nuestra que no aceptamos y no amamos parece volverse en nuestra contra. Pero la sombra

TODO LO QUE
REPRIMIMOS TIENE
UNA ENORME
CANTIDAD DE
ENERGÍA Y MUCHAS
CUALIDADES
POSITIVAS POR
DESCUBRIR

no es mala, aunque nos resulta muy incómoda. De este modo, para poder experimentar la libertad o la felicidad sin más, sin depender exclusivamente de los resultados (aunque, obviamente, es importante tenerlos), la clave es tomar consciencia de que todo eso está disponible para nosotros, y de que solo necesitamos dejar por un momento el afuera. Aprender a ser esa experiencia que estamos buscando. Para esto, es importante explorar nuestras luces y sombras para descubrir y redescubrir nuestras virtudes o talentos.

SOBRE LOS VICIOS

Cuando nos referimos a las virtudes, desde nuestro pensamiento lineal nos aparece lo opuesto: los vicios. Por lo general, consideramos los talentos como positivos y los vicios como negativos. Queremos desarrollar unos y tendemos a resistir, negar y ocultar los otros.

Los vicios están movidos por un interés a reacción (el Ser Reactivo). En cambio, cuando nos posicionamos en nuestras virtudes y operamos desde estas, activamos intereses a propósito (el Ser Creativo).

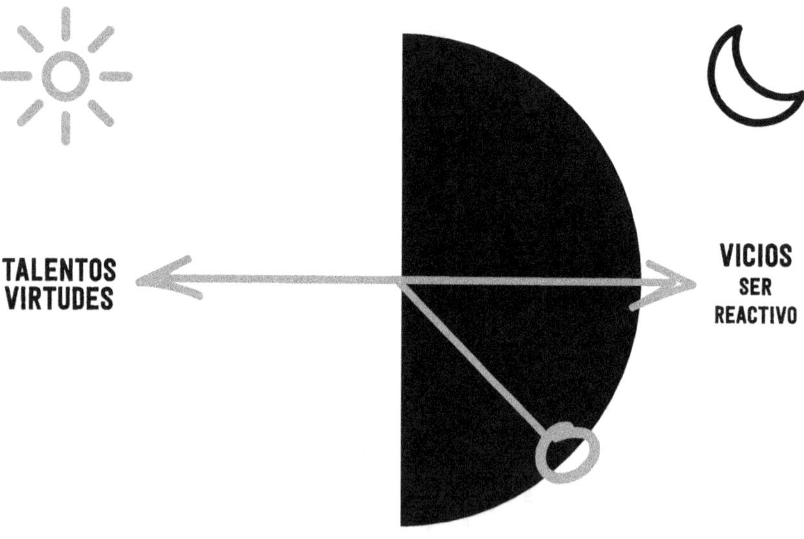

En este eje puede verse un punto intermedio. De un lado están las virtudes y del otro, los vicios. Un polo es positivo y el otro, negativo. Solemos oscilar entre un lado y el otro, yendo de los vicios a las virtudes.

Escribe tres cualidades positivas de las que consideres que tienes y con las que te identificas. Estas características serán tu base, un punto al que puedes volver para centrarte y alinearte en cualquier momento. Por ejemplo: ***"Soy una persona libre, creativa y con determinación"**.*

Haciendo estas declaraciones, generas un punto intermedio entre los dos polos recién mencionados.

Cada dos por tres volvemos a nuestros aspectos negativos, que nos generan sufrimiento, y a veces con tanto envión y fuerza que podemos llegar a creer que somos los de antes. Esta base te permite tomar el poder, salir de ese vaivén en el que estabas atrapado, pararte en el centro y estirarte a una posibilidad nueva. El problema no es que volvamos a esta parte negativa, lo que es natural y hasta humano, sino el impacto que esto genera en nosotros. El poder que perdemos cuando eso pasa. El tiempo que nos toma salir de ese costado. Y es, posiblemente, por la interpretación que le damos a esa "caída". En general, esto se da porque resistimos esa parte que consideramos negativa. Seguimos viviendo desde una postura polar, de opuestos donde es una cosa o la otra, donde aceptamos vivir una sola: la parte luminosa, y la otra la negamos y la evitamos. Nos identificamos con esa parte luminosa y proyectamos la otra en las cosas, situaciones y hasta personas que no nos gustan. Y esto nos sitúa en una postura de víctima, de conflicto, de impotencia y desvalorización.

Ahora, ¿qué sería posible si dejáramos de resistir esa parte sombría y la aceptáramos tan parte nuestra como los talentos? ¿Qué sería posible si la volcáramos a nuestro favor? ¿Qué posibilidades se nos abrirían para nosotros y para nuestros seres queridos si usáramos esas sombras como nuestro maestro?

Si miráramos desde la dualidad (yin y yang) de la filosofía taoísta,
nos daríamos cuenta de que ambos polos tienen la misma fuerza y el mismo peso.
Por eso usualmente oscilamos entre uno y otro, como llevados por una fuerza
externa y misteriosa.

El yin y el yang son dos conceptos del taoísmo que exponen la dualidad de todo lo existente en el universo. Describen las dos fuerzas fundamentales opuestas y complementarias, que se encuentran en todas las cosas. El yin es el principio femenino, la tierra, la oscuridad, la pasividad y la absorción. El yang es el principio masculino, el cielo, la luz, la actividad y la penetración.

Quiero que te conectes con esos aspectos negativos, que tengas una auténtica vivencia de estos y tomes consciencia de cómo te hacen sentir. ¿Cuáles son las emociones que tienes asociadas a estos aspectos?

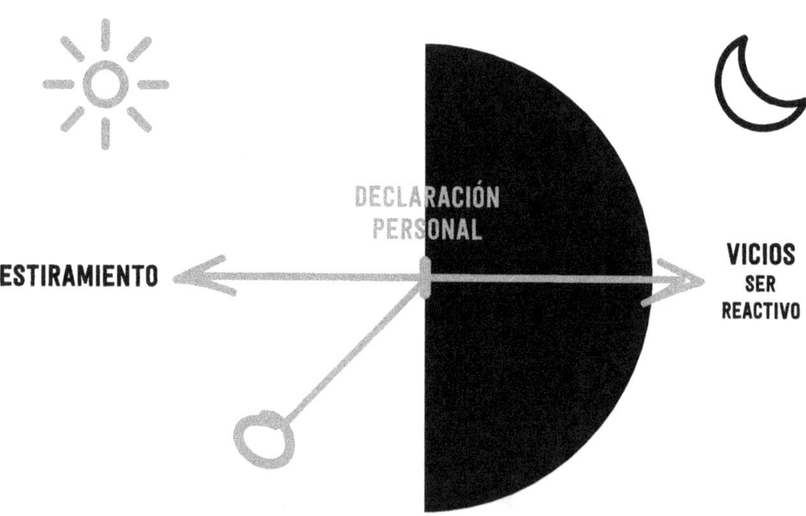

Aquí, en un polo vemos las debilidades del Ser Reactivo, mientras que en el otro está el punto de equilibrio cuando nos conectamos con la posibilidad. A partir de eso, nos hacemos cargo. En el medio se da el contrato, que sucede cuando nos conectamos con nuestras virtudes. El estiramiento es la posibilidad diametralmente opuesta a lo reactivo y a los vicios; es lo que creamos desde la declaración personal. Es el ámbito de creación, donde se expande nuestra zona de influencia y conquistamos nuevos territorios en nosotros mismos.

EL PRINCIPIO DE POLARIDAD

El principio de polaridad es parte del *Kybalión*, un libro que resume las enseñanzas del hermetismo y sus siete principios universales. Esta polaridad está en todo y podemos vivirla en tres niveles.

El primero es de manera simultánea como, por ejemplo, en la respiración, donde inhalamos y exhalamos a la vez y nos mantiene vivos. Esa polaridad hace que algo ocurra y exista; es necesaria. El segundo nivel es secuenciado, como el día y la noche, parte natural de la vida. Y el tercero tiene que ver con polaridades en las que estamos en un solo polo. Entonces es cuando se generan los conflictos, porque casi siempre estamos en un polo, pero no tenemos ese movimiento pendular natural. Y, cuando somos conscientes de nuestros talentos y también de nuestros defectos, por lo general, deseamos quedarnos en el polo del talento y negar, rechazar o evadir el polo de lo que vemos como vicios o defectos.

> ¿Quieres experimentar cómo los opuestos se pueden complementar? Camina y observa la fuerza hacia atrás cuando vas hacia delante. Existen ambas polaridades; si no, no se puede obtener la energía para el movimiento.

Para evitar esto, el primer trabajo es salir de la estructura polar de opuestos y creativamente insertar una nueva dimensión, un nuevo eje.

El punto es integrar los opuestos porque, cuanto más integrados, más fácil será movernos de forma creativa y libre en esas polaridades. Esto puede verse en este gráfico, donde se presenta el ámbito de los vicios, el de los talentos, el de las distorsiones y nuestro potencial, que llamamos "Ser Creativo", que surge cuando salimos de la zona de confort y nos animamos a dar más.

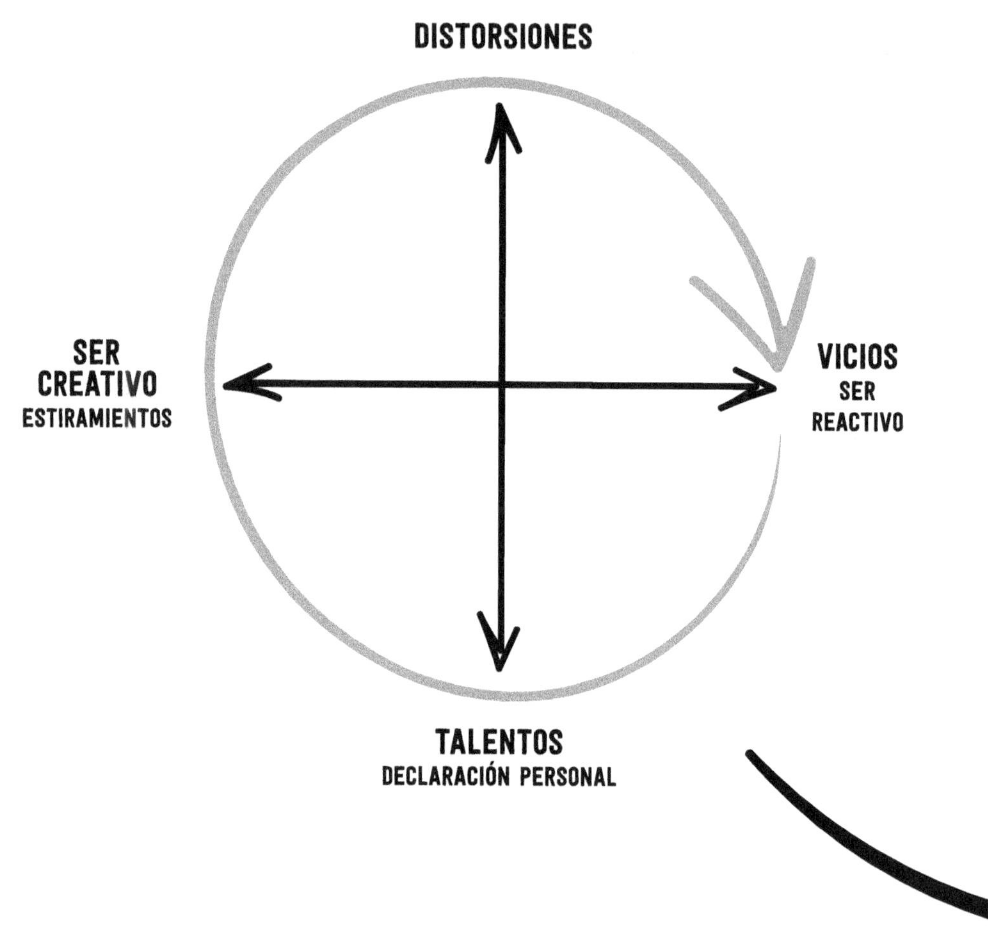

SER
CREATIVO

LAS DISTORSIONES: EL APRENDIZAJE COMO EVOLUCIÓN

La mayoría ve el crecimiento como algo lineal, como una escalera y, cuando vuelve a sus hábitos improductivos, lo interpreta como un retroceso, como si fuera a bajar escalones. Esta interpretación es lo que nos desmotiva, y nos causa sufrimiento y frustración. No lo que sucede, sino la interpretación que hacemos de que estamos regresando a lo que no queremos, descendiendo en esa supuesta escalera de crecimiento.

Te propongo un nuevo concepto del crecimiento: la evolución. **Te propongo ver la vida como un espiral de aprendizaje que crece de adentro hacia fuera y de abajo hacia arriba. Una especie de escalera circular ascendente.** Lo llamaremos "aprendizaje metacreativo". Visto de esta manera, podemos ver que, para ascender y para evolucionar, es necesario pasar por todos los estados, caminar los escalones de esa escalera como si fueran distintas estaciones. Porque nadie puede saltearse la primavera solo porque le gusta el verano. De igual manera concebiremos el crecimiento como un proceso que se da en una espiral ascendente que va de adentro hacia afuera ampliándose y que tiene distintas etapas que no puede evitar transitar.

Si al primer eje le insertamos otro transversal, podremos obtener cuatro cuadrantes que dividen las distintas fases del crecimiento metacreativo. Así, nos queda el primer cuadrante de los hábitos improductivos; luego, el ámbito de la creación, donde innovamos y nos arriesgamos. A partir de ese aprendizaje logramos un mayor nivel de consciencia, expandimos nuestra forma de mirar y nuestro mapa del mundo, con lo cual hacemos que muchos de los asuntos que nos limitaban pasen a ser visibles, porque salen de nuestra ceguera cognitiva. Y existe luego un ámbito que llamamos "de la inconsciencia", que es lo que todavía no vemos y en lo que debemos trabajar.

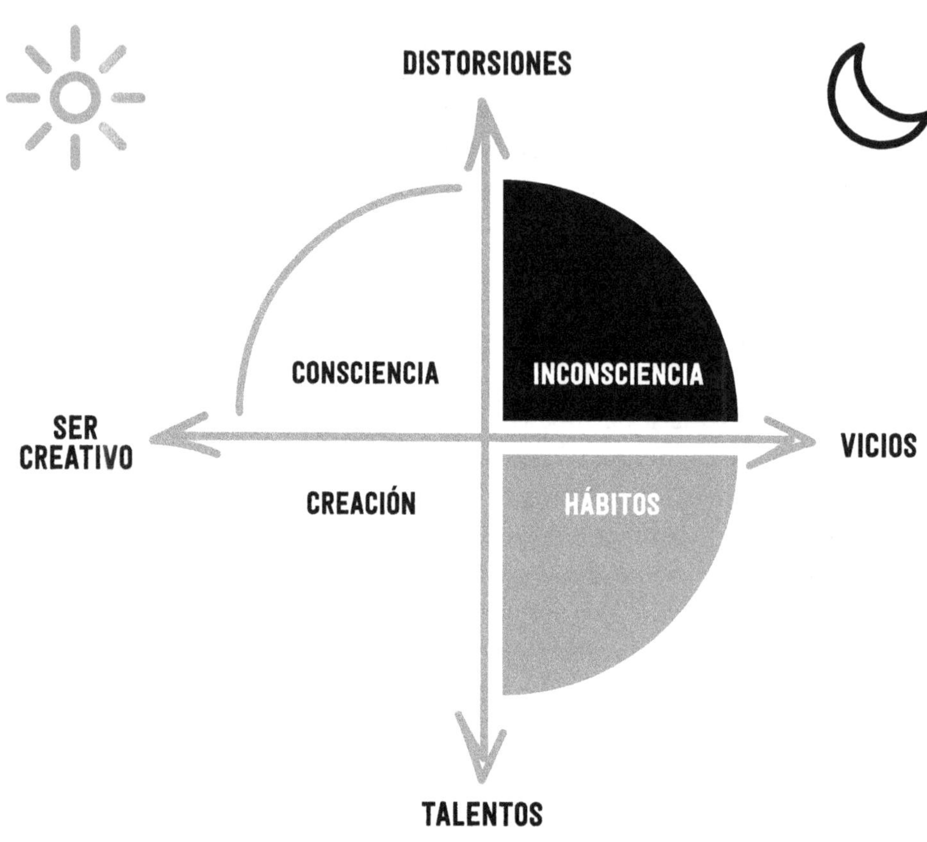
DISTORSIONES
CONSCIENCIA
INCONSCIENCIA
SER
CREATIVO
VICIOS
CREACIÓN
HÁBITOS
TALENTOS

LOS CUATRO CUADRANTES

Podemos comenzar desde cualquiera de los cuadrantes, porque podemos estar parados en cualquiera de estos según el momento que estemos transitando. Este círculo tiene un costado oscuro y otro luminoso. Como en el yin y en el yang, cada una de esas mitades tiene algo de la otra.

Para ejemplificar, vamos a comenzar por el cuadrante que llamamos "hábitos", el cual está regido por lo automático, por todas esas conductas viciosas e improductivas que ya conocemos, pero que, sin embargo, seguimos sosteniendo, porque conforman nuestro espacio de comodidad, aunque al mismo tiempo sean fuentes de insatisfacción, porque no estamos viviendo lo que realmente queremos. No nos permite autorrealizarnos, aunque puede causar una satisfacción inmediata.

Cuando tomamos contacto con nuestros **talentos**, esa base que declaramos anteriormente y con la que comenzamos a operar a partir de estos, transitamos el espacio de la **creación**. Allí es donde la magia sucede, donde la vida cobra sentido, donde se genera lo nuevo, la innovación. Es donde somos y creamos, y viceversa. Este espacio tiene una pequeña sombra, dado que, cuando estamos creando, de alguna manera recorremos lugares y experiencias desconocidas y por momentos confusas, pero que, en definitiva, nos permiten evolucionar.

La experiencia de la creación es vital en la vida de un ser humano, dado que podemos entender que en todo proceso lo que no crece termina muriéndose. Ahora bien, sostenemos que la experiencia por sí misma no es la que nos permite subir el escalón y expandir nuestras habilidades, sino el tomar **consciencia** de lo vivido. Es decir, anclar la vivencia, aprehenderla con la totalidad de nuestra coherencia. En una palabra, integrarla a nosotros. Este es el cuadrante más iluminado; es donde todo se ve, se piensa, se vive y fluye más claro. Es el momento en el que se producen las epifanías, el clic, la caída de ficha, el salto cuántico. Es un momento en el que sabemos que la vida ya no será la misma en algún aspecto o dominio. Lamentablemente, este cuadrante, además, es el que muchas veces transitamos tan rápido que ni siquiera lo vivimos. Pasamos de largo; no nos detenemos, no lo habitamos, no nos generamos el tiempo para permanecer y dar lugar a la consciencia. Si esto fuera un sonido, sería ese sonido en el mundo físico y puro, sin ningún tipo de distorsión. Se trata de la señal pura.

Una vez transcurrida esta etapa, entramos en lo que llamamos una nueva transparencia. Entramos en un automático. Es decir, lo que en un momento fue novedoso o motivador, deja de serlo o se mezcla con otras vivencias, y esto nos lleva a caer en **distorsiones**. Aquí entra en juego el principio de la entropía, que viene de la física y de la termodinámica, y que sostiene que el universo tiende al caos (aunque esto no es del todo cierto).

Normalmente, se dice que la entropía mide el nivel de desorden de un sistema, es decir que, cuanto más desorden hay, hay más entropía. Sin embargo, técnicamente, podemos definirla como una magnitud que mide el número de microestados equivalentes para un mismo macroestado de un sistema.

¿Qué es esto? Vamos a explicarlo con un vaso de vidrio. Este vaso de vidrio "sano" —como sistema— se encuentra en un macroestado específico. Podríamos llamarlo "vaso sano". Pero, si lo arrojo al piso, ¿qué es lo más probable que pase? Exacto, que se rompa. Ese es otro macroestado ("vaso roto"). Si voy más allá y tiro diez vasos al piso, lo más probable es que los diez se rompan, pero cada vez de una manera distinta. Es decir: el vaso, al arrojarse, tiene muchas más posibilidades de romperse que de mantenerse entero, y cada forma posible de "estar roto" es lo que llamamos "microestado".

Probemos con dados: si tenemos un dado y lo tiramos varias veces, cada lado tiene la misma probabilidad de salir que las otras. Pero, si tiramos dos dados y vemos la sumatoria (es decir, el resultado de la combinación), veremos que hay cero probabilidad de que salga uno, una probabilidad de que salga dos (1+1), dos posibilidades de que salga tres (1+2 o 2+1) y, finalmente, seis posibilidades de que salga siete (1+6, 2+5, 3+4, 4+3, 5+2 y 6+1). Es decir, con dos dados, hay seis microestados probables para sumar el macroestado siete. Lo mismo pasa con las moléculas y con las unidades de energía. Esto explica que existan procesos que se dan de una forma, y no de otra: si pinchamos un neumático, el aire sale, no entra; si sacamos un cubo de hielo de la heladera, probablemente, se derrita. Si extrapolamos este fenómeno a la situación de un equipo, en una organización, si no hay un liderazgo efectivo, hay muchos más "microestados" probables que den como resultado "macroestados" de equipo desmotivado, con baja productividad y con conflictos internos, que aquellos que generen un equipo proactivo con capacidad de innovación y gestión de emociones.

Lo mismo pasa al nivel de nuestro Ser. En algún momento tenemos la epifanía y vemos algo claro y, pasado un tiempo, esta vivencia adquiere "un modo automático" y empieza a desorganizarse, porque vamos viviendo y naturalizando y, por ende, olvidando.

Por eso, en nuestro desarrollo como personas conectadas con un propósito, requerimos practicar la habilidad de generar neguentropía, el proceso inverso a la entropía. Dicho de forma más simple, el proceso de transformación es constante y para esto requerimos hacernos expertos en la habilidad de disipar el "caos".

En esto de las distorsiones, también entran en juego las polaridades. Como un proceso natural, las fuerzas conservadoras tienden a intervenir en los campos conquistados e introducir componentes extraños, un "ruido" en la señal pura, que le permite volcar todo ese caudal de energía a su favor sin que nosotros nos demos cuenta. Por ejemplo, en algún momento, podemos aprender a pararnos responsablemente ante una situación que antes vivíamos en un rol de víctima. Nos hacemos cargo y respondemos ante lo que pasa. Eso es una revelación. Es algo novedoso y podemos empezar a crear desde ahí. Pero a veces también sucede que, a partir de esa revelación, pasamos de un polo a otro, pero en otro eje. Es decir, estábamos en actitud de víctimas y nos hacemos responsables, pero caemos en la distorsión, que es la autoculpa, la cual se da cuando el hacernos cargo se mezcla con sentirnos culpables con lo que sucede. Esto suele verse, por ejemplo, en personas que pasan de la arrogancia a la humildad y de ahí a la servidumbre o genuflexión. Ahí estamos casi ante una caricatura del valor.

Entramos así en la etapa más oscura (no necesariamente por lo negativa), dado que estamos como ciegos. Sabemos que hay cosas que no nos funcionan, pero no tenemos ni la más remota idea de cuáles son, porque creemos que estamos poniendo "lo mejor de nosotros". Este es el cuadrante de la inconsciencia. Esto pasa mucho con la honestidad, cuando alguien cree que es honesto, pero dice cualquier barbaridad sin ningún tipo de tacto. Lo importante es encontrar el equilibrio, el punto medio del eje. Honestidad es decir las cosas y ser coherente con lo que sentimos y decimos, pero también tener cuidado en cómo va a caer eso que decimos. Si no, llegamos al sincericidio, una distorsión de la sinceridad.

TOMAR CONSCIENCIA DE LA DISTORSIÓN

Como podemos ver, en el aprendizaje metacreativo, no hay estadios buenos o malos, sino que todos son necesarios, y son parte de un camino espiralado y creciente. A medida que vamos girando, nuestra consciencia se va expandiendo, y con esta nuestro mundo emocional, corporal, intelectual y espiritual. Si nos encontramos en cierta situación, tropezando siempre con la misma piedra, obteniendo siempre los mismos trabajos mal pagos o en las mismas relaciones que no funcionan, probablemente, estemos dando vueltas una y otra vez en el mismo piso. En esa instancia requerimos tomar consciencia sobre qué es lo automático para poder pasar a otro nivel, donde van a aparecer otros desafíos de otra magnitud. Porque este espiral va de lo particular y de la consciencia de uno mismo a lo trascendente. De la consciencia individual a la grupal.

De hecho, existen cuatro niveles de consciencia: la individual, la de grupo, la de observador y la de todos. La individual se da cuando somos conscientes de nuestros asuntos. La de grupo es más amplia y social; tiene más en cuenta las reglas y normas de donde pertenece. Se maneja entre lo ético y lo social. La consciencia de observador va un paso más allá: me observo a mí mismo y observo al mundo y a los otros, pero al mismo tiempo puedo disociarme y ver cómo me relaciono con lo que ocurre. Es como entrar a la Matrix. Y la consciencia de todo es algo que nos trasciende, donde nos conectamos con la espiritualidad, donde hay cosas de las que no entendemos por qué pasan, sin embargo, nos conectamos con estas. Y, si bien no lo comprendemos intelectualmente, sí podemos percibirlo con la emoción cuando meditamos o cuando hacemos algo que nos apasiona.

La idea no es borrar nuestros defectos, sino aprender de estos, sacarles provecho, usarlos a nuestro favor para poder fortalecer nuestra base.

Lo complicado es cuando los defectos se disfrazan de virtud. Si a veces le pones empeño y las cosas no funcionan, quizá se deba a que los defectos estuvieron camuflándose como base. Eso es lo que llamamos "distorsión". Y normalmente ocurre cuando, en vez de operar de forma auténtica, responsablemente y tomando riesgos, lo hacemos desde la resistencia y desde la negación. Es decir, no nos enfocamos en lo que queremos experimentar, sino que escapamos de lo que no queremos. La distorsión nace de una fuerza de evasión del vicio, y no de operar desde la virtud. Por ejemplo, el que cae en el exitismo lo hace escapando de la mediocridad, ya que nunca buscó habitar la excelencia.

Veamos algunos ejemplos más ilustrados en triángulos de polaridades:

CULPAR (A UNO MISMO)
ALIENACIÓN (EGOÍSTA)
EXITISMO
SINCERICIDIO
AUTODESVALORIZACIÓN
SERVILISMO

DISTORSIÓN

VICIO

VIRTUD

CULPAR (A LOS DEMÁS)
SUBORDINACIÓN
MEDIOCRIDAD
HIPOCRESÍA-FALSEDAD
ARROGANCIA
MENOSPRECIO

RESPONSABILIDAD
AUTONOMÍA
EXCELENCIA
HONESTIDAD
HUMILDAD
RESPETO

¿Te animas a agregar el propio?

10

ILUMINANDO TU DECLARACIÓN PERSONAL

El pensamiento reversible, del que hablamos en el capítulo 7, busca integrar los polos. Como dijimos, este se basa en tres principios o postulados, que también funcionan como pasos en la dinámica que quiero proponerte. Y estos eran los siguientes:

1. **Todo conflicto es un choque entre dos polos. ¿Cuáles son tus polos que chocan?**
2. **Los dos polos son los extremos de un eje. ¿Cuál es ese eje?**
3. **El eje tiene grados intermedios entre un polo y otro. ¿Puedes descubrirlos?**

La idea de esta dinámica es poder integrar tu parte luminosa con tu sombra. A veces estamos en tensión entre aspectos que nos hacen querer avanzar y otros que se oponen y están ahí, guardados en la sombra. La premisa es unir ambos polos. ¿Comenzamos?

DINÁMICA

Quiero que conectes con una metáfora de tu Ser creativo. Para eso, puedes elegir un personaje de algún cuento, película o serie con el cual te identifiques por sus principios, virtudes, actitudes y comportamientos. Una vez elegido, nómbralo y descríbelo con tres cualidades positivas. Por ejemplo:

Elijo a Dr. Strange, de Marvel. Cualidades: creativo, sensible y auténtico.

Luego, detalla al menos tres características de tu ser reactivo. Aspectos que consideres negativos, que nunca te gustaron y deseas cambiar. Por ejemplo, "Soy estructurado, cómodo y cobarde".

Ahora, agrega a esa lista al menos tres características del villano, ese personaje que habías elegido en el capítulo 8.

¿Y por qué volvemos a estas características? Porque, aunque te parezca loco, eso que escribiste es parte de tu sombra, y de alguna manera estás relacionado. En definitiva, por algo elegiste a ese personaje. Si hubieras elegido a Gru, el protagonista de *Mi villano favorito*, tus características podrían ser cómodo, holgazán, miedoso.

Digo que estás relacionado con esto porque así funcionan las proyecciones. A veces, cuando algo nos molesta del otro, esa actitud tiene que ver con un aspecto propio con el que no podemos lidiar. Podemos sentir que el otro es irrespetuoso, y nosotros lo somos en otros ámbitos, por lo que estamos viendo una proyección de nuestra sombra. O incluso podemos ser irrespetuosos con nosotros mismos. También puede suceder que estemos en una distorsión del respeto, llegando a la genuflexión o el servilismo, y entonces lo que otros hacen nos parezca irrespetuoso cuando no lo es. Por otro lado, no te asustes si elegiste a un villano muy terrible. Si, por ejemplo, elegiste a

Stalin (como en el ejemplo del capítulo 8), no quiere decir que seas autoritario o genocida, pero sí puede haber aspectos que están en tu sombra, como el querer tener el control de todo.

A continuación, sintetiza esa lista larga en solo tres características. Deja las más significativas y que te resuenen y encabézalas con el título "Mi sombra". Por ejemplo:

MI SOMBRA

Estructurado

Cobarde

Cómodo

Ahora es tiempo de experimentar la sombra.

Primero, representándola mediante el cuerpo. Busca un lugar tranquilo. Cierra los ojos y conéctate con la sombra y con esas características que acabas de enumerar. Imagínate que estás en esa actitud y comportamientos, y empieza a ver cómo esa acción de imaginar genera sensaciones corporales. A medida que aparezcan, acomoda el cuerpo a esas sensaciones, hasta que quede representada una postura que identifique a tu sombra. Toma consciencia de dicha postura y de cómo relacionas esa corporalidad con actitudes limitantes en tu vida.

Crea una frase recurrente que diga ese personaje y repítela mientras lo representas con el cuerpo y te dejas invadir por sus emociones. Por ejemplo, "Esto es mucho para mí" o "No puedo con todo". Esto lleva a registrar, corporal, emocional y lingüísticamente, estos aspectos de la sombra que vivimos a diario.

En este punto, quiero que te des cuenta de que estás exponiendo abiertamente todo lo que hasta hace un rato no querías que se conociera de ti. Estás dejando salir todo eso que desde hace mucho tienes guardado. Quiero que seas consciente del conflicto permanente entre esta parte y tu necesidad de verte bien, tu personaje "correcto", tu personaje luz, de cómo la tensión entre estos dos polos te mantiene muchas veces estancado en una prisión equilibrada. Esta prisión es el conflicto de valores que vimos anteriormente.

Ahora vas a tener la oportunidad de comenzar a dinamizar esos polos. Te invito a que empieces a vivir esta sombra como un maestro que te puede enseñar de una forma diferente a la que esperas, a la que "debería ser". Experimenta esto sin juzgarlo, sin negarlo o resistirlo... Aceptándola como una parte legítima de quién eres.

Escribe dos o tres comportamientos propios que estén relacionados con los aspectos que escribiste en la lista anterior.

A partir de las cualidades que identificamos antes, define comportamientos que habitualmente realices. Por ejemplo: como soy estructurado, me angustio si me cambian los planes a último momento.

Una estrategia para salir del pensamiento polar que nos atrapa y pasar al pensamiento reversible es elevarnos al nivel de las cualidades (competencias o habilidades). Los comportamientos pueden ser adecuados o no. Pero las cualidades, al ser más abstractas, son más fácilmente identificables como positivas o negativas, dependiendo de cómo y cuándo se usen. Por ejemplo, "No me gusta Alejandra porque es muy rebelde" vs. "Me gusta Alejandra porque no hace falta decirle qué hacer". Cuando subimos al nivel de las cualidades, notamos que ambas opiniones tienen razón: Alejandra es independiente, lo cual a algunas personas les gusta y a otras les molesta.

Lo podemos diagramar así:

IDENTIDAD = CUALIDADES (que pueden ser positivas o negativas) **y COMPORTAMIENTOS** (que pueden ser positivos o/y negativos).

Lo que vamos a hacer ahora es cambiarle la polaridad a esa energía que estamos viendo como un defecto, para convertirlo en una virtud.

Todo comportamiento tiene un fin positivo y puede ser útil en una determinada situación si se usa orientado a un propósito que tenga como misión el bienestar o la autorrealización.

Volvamos a mi ejemplo:

MI SOMBRA

Estructurado:
- *Hago lo posible por no salir de lo que está armado.*
- *Busco tener todo bajo control.*

¿Para qué me puede servir esto? Para desarrollar un pensamiento estratégico que me permita detectar posibles amenazas y oportunidades.

Cobarde:
- *Trato de evitar tomar riesgos.*
- *Por momentos me quedo paralizado.*
- *Huyo de las situaciones de conflicto.*

¿Para qué me puede servir esto? Para hacer una pausa, observar con detenimiento y moverme con precaución en distintas situaciones.

Cómodo:
- *Procuro siempre hacer el menor esfuerzo.*
- *Me gusta tirarme y no hacer nada de nada.*

¿Para qué me puede servir esto? ¿O en qué circunstancias? Para crear momentos de ocio, en los cuales pueda conectar conmigo mismo, con mi capacidad de disfrutar y sentir el placer de estar vivo.

Ahora busca las cualidades detrás de esos comportamientos que escribiste antes. Por ejemplo, puedo decir que mi personaje sombra es estratega, precavido y "conectado".

☐ Anota dos o tres frases que describan las ventajas de cada una de esas cualidades. Por ejemplo: "Actuar de forma estratégica y precavida me permite tomar decisiones más planificadas, cuidar lo que tengo y no arriesgarlo". Me da la posibilidad de diseñar un futuro a largo plazo. Mi parte "conectada" me da la libertad de tomarme mis tiempos para vincularme con la vida en su aspecto más dulce. Por otro lado, cuando utilizo esos espacios para ir más allá de los intermediarios (Netflix, juegos online, etc.) y realizo actividades como meditación, lectura o yoga, por ejemplo, donde la conexión es conmigo mismo, me doy espacio para acceder al dominio de lo espiritual, lo místico, lo que me trasciende.

Una vez que podemos ver los aspectos más positivos de estas cualidades, podemos combinarlos para crear una especie de sinergia que nos permita potenciar nuestros talentos y encontrar en nuestra sombra una usina de continuo aprendizaje. Citando a Jung, las llamaremos "cualidades oro".

☐ Sintetiza las ventajas de las cualidades oro en virtudes o valores, como por ejemplo: estrategia, cuidado, conexión, disfrute, mística.

☐ Como último paso de esta dinámica, integra lo aprendido a tu declaración personal con la siguiente fórmula:

Soy un hombre/mujer (cualidades de tu ser creativo) y lidero con (cualidades oro). Por ejemplo:

Soy un hombre creativo, sensible y auténtico y lidero con estrategia, conexión y disfrute.

Esta declaración personal articula todas las etapas, porque las segundas tres cualidades salen de tu lugar más oscuro. Es decir que, cuando estés en un mal día o atrapado por alguna de las cualidades que no quieres, también sabes que ahí mismo, con un poquito de trabajo y de enfoque, puedes rescatar eso para algo positivo. Y estarás rescatando la cualidad oro de ese comportamiento que no te gusta.

11

LAS DISPOSICIONES CORPORALES

Con nuestro cuerpo vivimos en el mundo. Tenemos un cuerpo para soñar, y también uno para diseñar acciones, hacer peticiones, promesas, hacer reclamos, etc. Podríamos decir que el dominio de nuestra corporalidad tiene muchas formas de manifestarse, entre las cuales se encuentran las siguientes:

- Su forma y su peso.
- Su tono muscular.
- Sus gestos.
- Su manera de moverse.
- Sus posturas.
- El tono de la voz.
- La química o el *feeling* que pueda desarrollar y sostener con los demás y consigo mismo.

Se expresa con todas estas, a veces con congruencia entre lo que dice y lo que muestra, y a veces sin esta. Sin duda, el cuerpo nos permite andar por la vida, trasladarnos geográficamente, experimentar los cambios biológicos que se dan desde el nacimiento hasta la muerte. Este cuerpo en movimiento nos permite el contacto con el mundo a través del sistema nervioso y de los sentidos.

Una de mis maestras, la *coach* corporal Delia Chudnosky, sostiene que el *coaching* corporal es un entrenamiento orientado a la autoobservación del cuerpo y a la observación del cuerpo de los demás, con miras a ampliar los espacios de posibilidades de acción en el mundo. La naturaleza y sus cuatro elementos inspiraron a los antiguos chamanes, que convirtieron estos últimos en diferentes formas de accionar. También podemos reconocer cuatro patrones de comportamiento, cada uno de estos con diferentes predisposiciones para la acción. Si bien a cada uno le resulta más conocido un camino que otro y comúnmente es el que utilizamos también, podríamos decir que accionamos en forma distinta en las diferentes áreas de nuestra vida. Por ejemplo, si lo que quiero es profundizar mi relación de pareja siendo más empático, es probable que funcione mejor activar la energía de agua, es decir, fluir con el otro, ir generando pequeños acuerdos y darle tiempo a la relación. Sin embargo, si lo que deseo es poner en marcha un emprendimiento, quizá el empuje y fuerza del fuego sean lo que marque la diferencia. Cada uno de estos senderos nos acerca a algún tipo de posibilidades y nos separa de otras. Por eso, desarrollar los cuatro caminos nos puede facilitar resultados que hasta ahora no podíamos tener.

En este capítulo iremos analizando y experimentando cada uno de estos elementos por separado con su correspondiente patrón de comportamiento y configuración fisiológica. Comencemos a descubrirlos y poco a poco a ir viendo las ventajas de cada uno para poder usarlas en nuestro beneficio. En el capítulo anterior, hicimos nuestra declaración personal poderosa. Ahora es tiempo de ponerle el cuerpo y la emoción.

LOS CAMINOS DE LA NATURALEZA

El fuego es el camino del enrolamiento. No hay enrolamiento sin fuego, sin pasión o sin entusiasmo que predisponga a aceptar la invitación. Se presenta avanzando y empujando, como diciendo: "Quiero hacer algo contigo".

El agua es el camino de la emoción, del recibimiento y la aceptación que necesitamos atravesar para hacernos cargo de alguien y cuidarlo, para replegarse si hace falta en pos de la relación. Se muestra

QUIERO
HACER
ALGO
CONTIGO

en la tolerancia y en la aprobación, como preguntando: "¿Qué quieres hacer?".

El aire es el elemento del cambio y la transformación. Es liviano y gracioso. Este es el camino para evolucionar.

La tierra es el camino que necesitamos para permanecer y crecer, el del equilibrio y la armonía.

El objetivo es tomar consciencia de qué forma y a qué nivel están disponibles estas energías en nosotros. Todos tenemos un poco de cada una, de algunas más, de otras menos. La maestría es lograr el equilibrio y, por ende, el manejo de estas.

Por eso el ejercicio es simple, y a la vez poderoso. Porque es una invitación a vivir en el cuerpo y sentir cada uno de estos elementos. Vas a ser fuego, vas a ser tierra, vas a ser agua, vas a ser aire.

Esta es la parte más vivencial de toda la expedición, porque trabaja directamente con el cuerpo, justamente como recurso para materializar tus declaraciones. Hasta este momento, estábamos haciendo un trabajo del espacio interno. De la reflexión, de poder ver creencias, de desarticular los juicios que teníamos sobre nosotros mismos, de dar vuelta ciertas etiquetas que les habíamos puesto a determinados comportamientos para poder verlos de una manera posibilitadora y conectada al propósito. Ahora te propongo un camino que tiene que ver con llevar eso al espacio externo, generar acciones diferentes desde una corporalidad distinta.

Se dice mucho en el *coaching* (sobre todo en el corporal, que ve el cuerpo como un recurso) que a veces tenemos muchísimas ideas, pero no tenemos la fisiología necesaria para llevarlas adelante. A veces sabemos muy bien qué queremos decir, pero no tenemos la corporalidad que acompañe esa comunicación. Nos ponemos nerviosos, ansiosos, nos tiembla la voz, se nos aflojan las piernas. Por eso, para poder entrenar y al mismo tiempo modelar una corporalidad que esté en afinidad con nuestro propósito y sus desafíos, vamos a estar explorando las disposiciones corporales básicas. Estos son modelos de nuestra corporalidad que tienen ciertas características, cualidades positivas y limitantes. El punto es poder identificar cuál es nuestra posición corporal dominante y ver cuáles son las que requerimos desarrollar. Pero, antes de meternos de lleno en la dinámica, quisiera explicar un poco mejor en qué consisten las disposiciones corporales.

Desde el punto de vista del *coaching* ontológico puro, las disposiciones corporales son cuatro: resolución, estabilidad, flexibilidad y apertura. Para hablar de una forma más lúdica y entendible, se trabaja con la metáfora de los elementos de la naturaleza, que son arquetípicos y simbólicos. Veamos entonces las características de cada uno y el estilo social al que pertenecen.

LA TIERRA

Este es el elemento pasivo que se orienta hacia la estructura, la forma y la estabilidad.

- **Arquetipos de Jung relacionados: Protector (servicio), Rey (control), Creador (innovación)**
- **Gran Yin - Femenina**

En principio, la tierra tiene que ver con la estabilidad. Por eso, en el estilo social se relaciona con una persona analista. El analista es el que piensa las cosas, se toma el tiempo para madurar las ideas, mira el largo plazo, busca la estrategia, le gusta tener las cosas organizadas y ordenadas, no se lleva bien con los cambios repentinos, pero sí con la rutina, la consistencia y la persistencia.

Siguiendo la relación con la tierra, podemos ver que dicho elemento brinda muchísimas características que permiten definirlo. Por ejemplo, pone límites: si arrojamos una piedra, llega hasta donde está la tierra. Los movimientos del planeta son lentos, pero a veces, cuando se mueve, puede generar grandes quiebres, como un terremoto. Por eso, cuando las personas de tierra hacen cambios, suelen ser fuertes, como cimbronazos. También está vinculada con la sabiduría, en el sentido de que la tierra sabe cómo hacer: si cae una semilla, sabe cómo crear vida de ahí. Y aparece la mirada a largo plazo y templanza. Dado todo esto, podemos decir que el de la tierra es un liderazgo estratégico.

Sus estados emocionales son la serenidad y a veces también la tristeza y la melancolía. Como, justamente, la tierra tiende a quedarse en lugares, puede caer en la melancolía de todo lo que no fue. Le cuesta soltar. Ofrece paciencia, confianza, persistencia y resistencia.

Algunas locuciones del elemento tierra son "Acá estoy yo", "Esto se hace así", "Yo puedo sostenerte" y "Vamos a ordenar las cosas de esta manera".

Como puntos débiles, la tierra es lenta, no se adapta a los cambios, no tiene mucha flexibilidad; a veces se toma más tiempo del necesario para tomar acción... no es tan ágil.

Cada elemento tiene un equilibrio, un exceso y una escasez. Quien tenga un exceso de tierra va a estar estancado, enterrado. Y aquí tenemos una distorsión, porque una cosa es estar inestable y que un vientito te voltee, o estar estable, y que pasen cosas y tengas base para permanecer. Pero la distorsión es estar estancado, permanecer en lugares que no son saludables y no generan bienestar. Eso pasa mucho con las relaciones. Las personas de tierra suelen tener amigos desde el jardín de infantes. Eso puede ser una virtud, pero a veces también un defecto. Otras características de exceso de este elemento son lentitud, pesadez, rigidez, parálisis, obstinación, indolencia.

Quien tenga escasez de tierra estará siempre mirando lo próximo, todo el tiempo en urgencia, corriendo detrás de las situaciones, sin rutinas ni estabilidad. Son esas personas que todo el tiempo están en crisis, inestables, inseguras, improvisando, sin capacidad para ser disciplinados y coherentes.

El movimiento de la tierra es hacia arriba, porque lo que crece en la tierra lo hace de ese modo. Por eso, para que podamos modelar esta energía, necesitamos sentir que la fuerza va desde las bases hacia arriba e ir alineando todo el cuerpo. Lo que rige la tierra son los huesos, porque es la parte más sólida de nuestra fisiología, y al mismo tiempo la que da estructura y estabilidad.

La respiración de la tierra es por nariz y boca (visualizando el aire en tonos amarillos, ocre o marrón). Para vivenciarla, el aire entra fluidamente por la nariz y se concentra en el diafragma. Luego, se realiza una larga espiración por la boca abierta. Durante la exhalación, se siente cómo la energía fluye desde el vientre, atravesando las piernas hasta llegar a la planta de los pies.

ACÁ ESTOY YO

ESTO SE HACE ASÍ

YO PUEDO
SOSTENERTE

VAMOS A ORDENAR
LAS COSAS DE ESTA
MANERA

Para activar este elemento, es preciso valorar la forma y la estructura (valores éticos-sociales) y relajarse en la necesidad de libertad absoluta.

- **Eje:** vertical.
- **Pies:** toda la planta del pie en contacto con el piso.
- **Piernas:** en movimiento, listas para la acción.
- **Pelvis:** pubis hacia arriba, isquiones alineados con maléolos.
- **Tronco:** en línea recta, 90° al piso con respecto a las piernas, columna y a la cabeza, todo en la misma línea.
- **Brazos:** brazos y manos en tensión y hacia abajo, al costado del tronco.
- **Cabeza:** erguida 90°, con la mirada hacia adentro.
- **Tono neuromuscular:** alto.
- **Voz:** grave, segura y con ritmo lento.
- **Emocionalidad:** firmeza, seguridad, confianza, paciencia, certeza, tolerancia, tristeza, melancolía.
- **Acciones:** afianzar, fundar, proyectar, desarrollar, cultivar, asegurar, establecer, sostener, aguantar, planificar, organizar, analizar, ordenar, programar, establecer.

EL AIRE

Este es un elemento activo orientado al aprendizaje y a la libertad. Arquetipos de Jung relacionados con el aire:

- **Sabio (entendimiento), Explorador (libertad), Inocente (seguridad)**
- **Pequeño Yan-Masculino**

El aire es el elemento opuesto a la tierra. Vive en la flexibilidad, la creatividad, la imaginación, la curiosidad, la búsqueda de lo nuevo. A las personas de aire les gusta sorprenderse, curiosear, investigar; tienen un perfil artístico, innovan, se aburren de lo repetido. Si la representación visual de la tierra fuera un gigante, el aire sería un colibrí. Es más sutil, se mueve todo el tiempo, no permanece mucho en ningún lugar, se adapta. Es como el viento que sopla; se encuentra con algo y se mueve alrededor, no se estanca. Y, en cuanto a los estilos sociales, son personas expresivas, que están en contacto con lo que quieren comunicar y crean a partir de eso.

Para el aire, su hábitat natural es el que se encuentra por encima del suelo. El aire persigue aprender más y más desde diferentes ángulos de la vida, frescos, nuevos y renovados. Es un eterno aprendiz.

El aire tiene el don de una gran amplitud mental, de un pensamiento innovador, de estudiar las situaciones con rapidez, y de encontrar esa solución brillante, pero a veces no muy profunda. Tiene la capacidad de analizar integrando las polaridades. Mientras que el fuego y la tierra son lógicos y lineales, el aire buscará para encontrar los grises. "¿Nos lanzamos o no?", dirá el fuego; "¿Es bueno o malo?", dirá la tierra. El aire, por su parte, indaga en posiciones intermedias entre lanzarse y quedarse, cómo, cuándo, dónde, de qué manera, en qué medida, partiendo de la premisa de que lo bueno o lo malo pueden ser puntos de vista o algo circunstancial.

Son grandes observadores de las personas pero, principalmente, a nivel mental. Es decir, sin mucho compromiso emocional de por medio. Podríamos decir que son los de la mente fría. La emotividad, para el aire, puede llegar a ser sofocante, ya que necesita espacio para respirar. En sus estados emocionales, la persona con aire como elemento dominante es apacible cuando tiene la libertad e irascible cuando se siente encerrada, sea en una pareja o un trabajo. El aire puede transitar experiencias de curiosidad, alegría, asombro en su fase positiva y ansiedad; trivialidad e indecisión en la negativa.

Algunas locuciones que repite son las siguientes: "¿Por qué no lo hacemos de esta manera?", "¿Por qué no buscamos un método nuevo?", "Ya me aburre hacer esto", "Me gustan ambas opciones", "Vamos viendo", "No me puedo comprometer". Esto último tiene que ver con su espacio de debilidad. En lo que hace a liderazgo, es creativo e innovador, ya que son personas que enseñan, crean, asisten, entregan.

El exceso de aire puede observarse en la falta de compromiso, la dificultad para conectarse con las emociones, las actitudes imprudentes y los contextos de inestabilidad y de incertidumbre.

La rigidez, tanto corporal y emocional como mental; la gravedad; y el estancamiento son síntomas claros de la falta de esta energía.

El movimiento del aire es hacia arriba y en círculos de forma aleatoria; no tiene un punto fijo ni es lineal. Por eso es el elemento de la creatividad. Lo que lo rige en nuestra anatomía son las extremidades, brazos y piernas. Para trabajarlos, vamos a estar haciendo prolongaciones y proyecciones, unas desde lo biológico y otras desde la intención. Podemos estirar los músculos del brazo hasta sentir que se nos duermen las puntas de los dedos, pero luego podemos intencionar en nuestra mente que esos dedos se alarguen hasta tocar el techo, e imaginar que eso sucede.

La respiración es por la nariz y por la boca (visualizando el aire en tonos plateados). Para vivenciarla, debemos hacer una breve y abrupta inspiración por la nariz, seguida de una espiración en sacudidas por la boca abierta. El aire se concentra en el área del pecho, la garganta y la cabeza. Para activarlo, debemos valorar la espontaneidad y relajarnos en relación con la forma y con la estructura (valores evolutivos-emocionales).

- **Eje:** arriba, en círculos en todas direcciones.
- **Pies:** en punta, mínimo contacto con el piso.
- **Piernas:** en resorte, listas para saltar.
- **Pelvis:** pubis hacia arriba, traccionando las piernas.
- **Tronco:** abierto con tracción hacia arriba, llevado por el impulso de los brazos.
- **Voz:** aguda y cambiante.
- **Cabeza:** hacia arriba, siguiendo a los brazos y las manos, con la mirada hacia arriba, como buscando algo afuera.
- **Tono neuromuscular:** alto.
- **Emocionalidad:** diversión, entusiasmo, curiosidad, asombro, ansiedad, ira.
- **Acciones:** probar, innovar, imaginar, diseñar, crear, asistir, sensibilizar, soltar, transformar, entregar, animarse, probar, experimentar, gestar, curiosear.

EL AGUA

Este es un elemento pasivo que se orienta hacia las personas, la pertenencia y los sentimientos, el cual busca conectar con otros.

- **Arquetipos: Amante (intimidad), Hombre Común (pertenencia), Bufón (disfrute).**
- **Pequeño Yin–Femenina.**

El agua corresponde al elemento de la apertura. Podríamos decir que su virtud es el amor y la empatía. Nos permite estar en contacto con las emociones, los estados de ánimo, los sentimientos, nuestros y de otros. Nos permite sentir compasión, comprensión, poder tener en cuenta dónde está el otro. Si tiramos algo al agua, esta lo recibe, no lo rechaza, y así funcionan estas personas. En cuanto al estilo social, son afables, de buen trato, con habilidades sociales bastante desarrolladas y que ofrecen un liderazgo empático, ya que abren, contienen, profundizan y acompañan.

El agua siempre tiende a contribuir y a hacer en equipo. A estar en sintonía y a hacer con otros registrándolos (no es como el fuego, que tiene un equipo, pero le importa sobre todo el resultado). Es el elemento del recibimiento, la aceptación. Algunas de las frases que el agua suele repetir son "Sé lo que sientes", "Te entiendo", "Confía en mí", "¿Te gusta así?", "Todo está bien", "No sé muy bien lo que quiero", "Estoy un poco confundido". Estas frases demuestran que se registra a la otra persona.

Los estados de ánimo que habita alguien con agua como elemento dominante en ocasiones tienen que ver con quiénes tiene delante. Ya que es muy receptiva, a veces se asocia emocionalmente en exceso y pasa a sentir la emoción del otro. Eso también le genera cierto temor. Es como el vaso de agua y la gota de tinta azul: la gota es la emoción que siente el otro en ese momento. El agua la recibe, porque está en apertura, pero en un momento se tiñe de azul. Eso sucede cuando está abierto en exceso y no logra disociarse, y este es su punto de debilidad. En esta polaridad puede sentir depresión, parálisis y descuido personal. Puede verse apagada o ahogada en asuntos

SÉ LO QUE SIENTES

TE ENTIENDO

CONFÍA EN MÍ

¿TE GUSTA ASÍ?

TODO ESTÁ BIEN

ajenos, dado que se muestra extremadamente permisiva y no se siente capaz de poner límites. En cambio, las personas con escasez de este elemento viven en el polo opuesto: se cierran, levantan "muros" emocionales que los llevan a actuar desde una excesiva dureza o firmeza, generando experiencias de desprotección para con sus afectos. Si nos basamos en la naturaleza, el movimiento del agua es hacia abajo y hacia dentro. ¿Y cómo vamos a activar esta energía corporal?, bajando el tono neuromuscular, es decir, el nivel de tensión que tienen los músculos, y llevando la mirada hacia adentro. Lo que el agua rige en nuestra corporalidad es la piel. Por eso, para activarla vamos a estar activando la misma, trabajando con el tacto, el roce, el contacto.

La respiración del agua es por la nariz (visualizando el aire en tonos de azul al negro). Posee un ritmo regular, de baja frecuencia y espiraciones prolongadas. Para vivenciarla, debemos respirar muy regularmente a través de la nariz, bajando el tono muscular del cuerpo hasta tenerlo totalmente relajado. Para activar este elemento, debemos valorar los sentimientos (valores evolutivos-emocionales) y relajarnos con respecto a probar objetivos con hechos.

- **Eje:** hacia atrás y abajo, derrumbado.
- **Pies:** poco contacto en el piso, con apoyo con más intensidad en los talones, con dirección hacia atrás.
- **Piernas:** flexionadas.
- **Pelvis:** dorso plano, pubis hacia arriba en anteroversión.
- **Tronco:** curvo con respecto a las piernas y la cabeza, en actitud de recibir. Pura piel. Sensibilidad, adaptabilidad.
- **Brazos:** hacia abajo, curvados, sosteniendo y al costado del tronco.
- **Cabeza:** generalmente hacia abajo, con movimientos lentos en todas direcciones, dóciles, sin "ruido".
- **Voz:** suave, melodiosa, modulada.
- **Tono neuromuscular:** bajo.
- **Emocionalidad:** ternura, confianza, amor, claridad, humildad, compresión, sensibilidad, confusión, miedo, inseguridad.
- **Acciones:** soltar, entregarse, aceptar, amar, limpiar, recibir, valorar, agradecer, suavizar, apagar, fluir, escuchar, adaptarse, abrir, contener, profundizar, acompañar, contribuir (dar).

EL FUEGO

El fuego es el elemento activo orientado hacia la maestría y hacia los resultados, el cual busca dejar una huella en el mundo.

- **Arquetipos: Héroe (maestría), Rebelde (liberación), Mago (poder).**
- **Gran Yan–Masculino.**

El fuego es el elemento de la disposición corporal de resolución. Busca resultados, concretar, ir hacia delante, luchar para llegar a la meta. Es el elemento del poder. Y, en los estilos sociales, es el promotor. En un equipo de ventas, por ejemplo, es ideal el fuego. Su liderazgo es también promotor, ya que expande, lidera, lucha, inicia, impulsa. Aunque, como dijimos antes, más que el grupo humano, le importa el resultado. A la hora de desplegar el coraje en la vida, el fuego es el elemento que nos señala la dirección. Necesitamos esta energía en nuestras venas para tener la iniciativa que nos hace falta, para considerar la vida de una manera vigorosa y apasionada. Quienes tienen este elemento no piden ni necesitan permiso para ir donde quieren ir en la vida. El fuego puede ser algo solitario, aunque se apega a los demás por periodos largos, solo mientras es alimentado; no se instala cómodamente en las relaciones estructuradas y necesita moverse todo el tiempo para no sentir coartada su libertad. También representa la pasión, el entusiasmo, la ambición. Sus estados emocionales pueden ser la alegría, la pasión, la audacia, el entusiasmo, y a veces también la ansiedad, la impulsividad, la ira en su punto débil. Las personas con fuego quieren todo ya, para ayer. Algunas de sus locuciones son "Esto es lo que se requiere hacer", "Vamos con esto", "¡Soy el mejor!", "No puedo fingir", "Yo primero".

El movimiento del fuego es hacia delante y enfocado en el objetivo; su corporalidad se expresa alineada, pero yendo hacia delante, todo el tiempo arrancando. Y lo que rige en nosotros este elemento son los músculos; por eso con él se trabaja mucho con el tono neuromuscular.

Las personas con fuego en exceso suelen mostrarse arrogantes, autoritarias, excedidas en sus acciones. Pueden caer en comportamientos violentos y destructivos. Por otro lado, quienes no tienen este elemento disponible viven en la indecisión y en la apatía. Incluso pueden tener el hábito de control existencial generado por el miedo a no poder gestionar las consecuencias de sus acciones.

La respiración de fuego es por la nariz (visualizando el aire de color rojo). Para vivenciarla, realizaremos ciclos rítmicos de alta frecuencia y gran amplitud. Debemos inspirar llevando el aire al pecho y espirando por la nariz, dilatando y contrayendo bruscamente las fosas nasales. El aire se concentra en la zona comprendida por el estómago, el pecho y la garganta.

Para activarlo, debemos valorar los hechos (valores pragmáticos-económicos) y relajarnos con relación a la intensidad de las emociones.

- **Eje:** oblicuo hacia adelante.
- **Pies:** impulso preferentemente en la parte anterior del pie, en los dedos.
- **Piernas:** rectas a 90° con el piso, extendidas para máximo impulso.
- **Pelvis:** disponible.
- **Tronco:** hacia adelante y tendiente hacia las costillas.
- **Brazos:** hacia delante y arriba en extensión, rubricando el impulso máximo.
- **Cabeza:** adelantada y alta, con la mirada hacia el futuro y hacia afuera. Actitud extravertida completamente.
- **Tono neuromuscular:** alto.
- **Voz:** tronadora, rápida, impulsiva, sin pausa.
- **Emocionalidad:** motivación, alegría, pasión, excitación, coraje.
- **Acciones:** promover, expandir, resolver, ofrecer, decidir, liderar, luchar, iniciar, impulsar, explotar, arrancar, mover, empujar, avanzar.

A partir de estos elementos, haremos distintas dinámicas para encontrar tu base, el dominante, y también ver cuáles están generando sinergia con él y cuál es el opuesto. **La premisa no es tener un solo elemento, porque siempre vamos a tener un poco de cada uno, sino no apagar el dominante, algo que a veces hacemos por los juicios de otros y el miedo al qué dirán.** Aprendamos, entonces, a sacar el mejor provecho de cada uno.

ELEMENTOS Y NEUROTALENTOS

Finalmente, quisiera contarte sobre la relación entre los elementos y los neurotalentos.

El cerebro humano está visiblemente dividido en un lado izquierdo y en otro derecho. Esta estructura ha inspirado una de las ideas más arraigadas sobre el cerebro: que el lado izquierdo controla la lógica y el lado derecho controla la creatividad. Sin embargo, eso es un mito que no se apoya en evidencia científica. Entonces, ¿cómo surgió esta idea y en qué falla?

Esta concepción errónea surgió a mediados de 1800, cuando dos neurólogos, Broca y Wernicke, examinaron pacientes con problemas de comunicación debido a lesiones. Los investigadores encontraron un daño en los lóbulos temporales izquierdos, por lo que sugirieron que el lenguaje se controla desde el lado izquierdo. Esto captó la imaginación popular.

El escritor Robert Louis Stevenson luego introdujo la idea de un hemisferio izquierdo lógico que compite con un hemisferio derecho emocional. Pero esta idea no se sostuvo cuando médicos y científicos examinaron a los pacientes que carecían de un hemisferio o tenían sus dos hemisferios separados. Estos pacientes mostraron una amplia gama de comportamientos, tanto lógicos como creativos. Investigaciones posteriores mostraron que un lado es más activo que el otro para algunas funciones. El lenguaje está más localizado a la izquierda y la atención, a la derecha. Así, un lado del cerebro puede hacer más trabajo, pero esto varía según el sistema en lugar de variar por cada persona. No hay evidencia que sugiera que haya individuos que tengan lados del cerebro dominantes, o que apoye la idea de una división izquierda-derecha entre lógica y creatividad.

Más allá de este debate, lo que resulta bastante evidente es que tenemos distintas maneras de captar y procesar la información y esto es lo que realmente interesa en este libro. Por lo tanto, no vamos a estar hablando de hemisferios o cuadrantes cerebrales, sino más bien de cuatro tipos de neurotalentos, basándonos en los estudios de Katherine Benziger.

Tipo 1: es ordenado y se basa en procedimientos. Se distingue por su habilidad de repetir una acción de manera coherente y precisa a lo largo del tiempo. Los verdaderos pensadores del Tipo I encuentran satisfacción y una sensación de logro en seguir rutinas y procedimientos establecidos. Son maestros en prestar atención a los detalles. Son leales y fiables cumplidores, y durante años pueden permanecer en la misma compañía, donde se los valora por la consistencia en su trabajo y por la minuciosidad con que completan sus tareas. Son naturalmente conservadores; aprecian los valores tradicionales y prefieren abordar las tareas y resolver los problemas paso a paso.

Tipo 2: es espiritual y se basa en simbolismos y sentimientos. Se da cuenta de las sutilezas y cambia a otros estados de ánimo, emociones y señales no verbales. Los pensadores fuertes en el Tipo 2 a menudo son altamente expresivos, buscan instintivamente el bienestar y estimulan y conectan con los demás a través de palabras y gestos. Preocupados por los otros por naturaleza, creen que la manera como se siente alguien es de extraordinaria importancia, y tienen esta preocupación porque son compasivos y buscan la relación y la armonía en sus vidas personales y profesionales. Dada su habilidad para relacionarse positivamente y con empatía, los pensadores según el Tipo 2 también destacan motivando a los demás a compartir su propia exaltación, entusiasmo y apoyo.

Tipo 3: es visual, espacial, y no verbal. Es metafórico y conceptual, y expresa fotos o "películas" internas que al pensador del Tipo 3 le encanta "ver", lo que lo convierte de modo natural en maestro de la integración, la innovación y la imaginación. Se aburre fácilmente y busca constantemente la estimulación de nuevos conceptos, aventuras e información. Se lo identifica con facilidad por su modo de archivar documentos de trabajo e información, ya que es visual: almacena el material en montones que va haciendo por toda la casa o por la oficina, y que conserva siempre a la vista. También se lo distingue por su peculiar y a veces especial sentido del humor. Como "altruista conceptual", el Tipo 3 se interesa por la humanidad y su evolución, aunque quizás no sea un gran adepto a las relaciones uno a uno.

Tipo 4: es lógico y matemático, y destaca en el análisis crítico, la resolución de problemas de diagnóstico y en el uso de las máquinas y herramientas. Los pensadores del Tipo 4 tienen metas bien definidas, la capacidad de diseñar estrategias más eficientes y productivas para cualquier situación. Esto los lleva a alcanzar posiciones de liderazgo desde las que pueden tomar decisiones clave y gestionar las circunstancias para poder hacerlas converger con los resultados deseados. Dada su habilidad para ser críticos precisos, no es de extrañar que prefieran trabajos técnicos, mecánicos o financieros.

Podríamos realizar un paralelo con los cuatro elementos antes vistos. (Ver el gráfico de la página 185.)

El Tipo 4 representa al fuego: está orientado a la resolución de problemas, es analítico, lógico, técnico. Tipo 1 es la tierra, que planifica, controla, organiza, administra. Tipo 2 es el agua, muy emocional, espiritual, comunicador. Y Tipo 3 es el aire: conceptualizador, imaginativo, holístico, artístico, muy relacionado con las ideas. Todo esto demuestra también que existe una unión entre las energías corporales y la forma de procesar una información. Asimismo, entre los distintos elementos y de acuerdo al cuadrante predominante, existen niveles de comunicación. Por ejemplo, entre fuego y tierra se genera refuerzo, mientras entre fuego y el agua se genera confrontación. En resumen: en línea, refuerzan pero, cruzados, confrontan.

Lo interesante es que esto no solo puede pasar con otros, sino también internamente. Si una persona tiene, por ejemplo, 40% de fuego y 40% de agua, si bien alguno de los dos será dominante, puede ser que a partir de ciertas experiencias decida compensar con un elemento que tal vez esté en tensión. Y, al hacerlo, puede lograr lo que busca, pero con mucho más esfuerzo del necesario, porque está apagando su elemento dominante y siendo efectivo a costa de muchos más recursos.

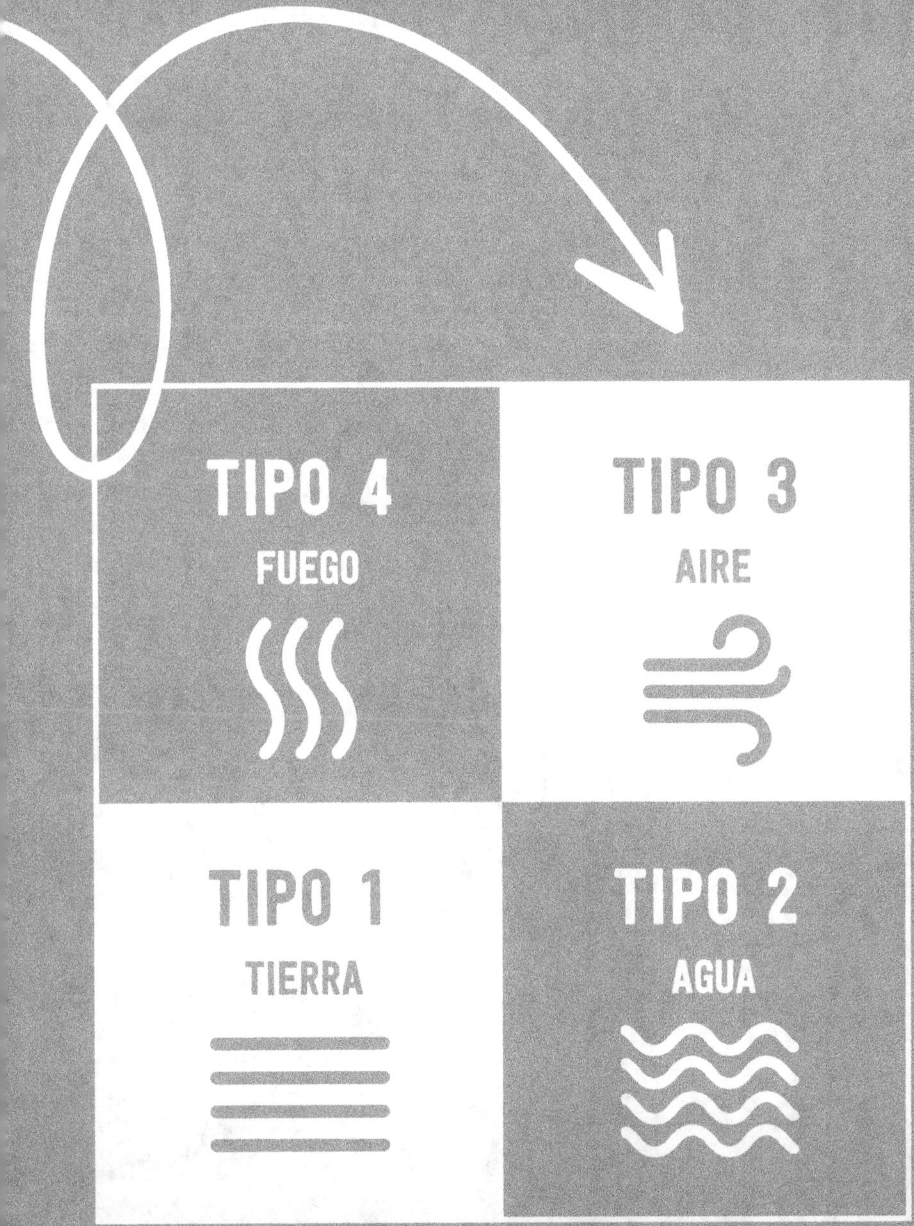

TIPO 4
FUEGO

TIPO 3
AIRE

TIPO 1
TIERRA

TIPO 2
AGUA

12

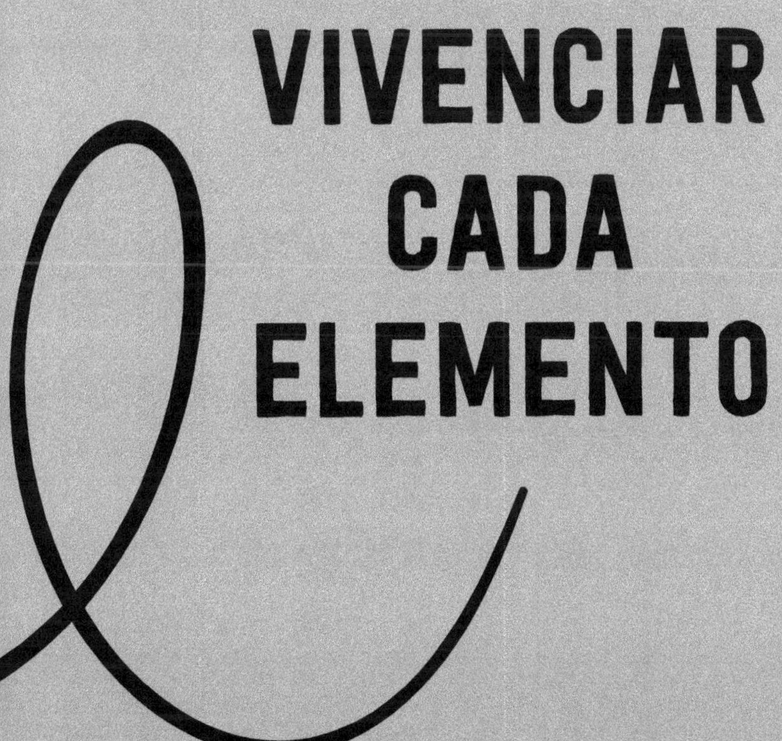
VIVENCIAR
CADA
ELEMENTO

En este capítulo profundizaremos en el tema de los elementos, vivenciándolos con una nueva dinámica. La idea es que puedas realizarlas todas, usando el tiempo que necesites, pero de principio a fin. Desde lo cognitivo puedes pensar que te identificas más con un elemento, pero tal vez, corporalmente, tienes más disponible otro. Hacer estos ejercicios sirve como test corporal. Si los haces todos juntos, puede durar una hora y media. Pero también puedes dividirlos y hacerlos a tu tiempo.

La premisa es que tomes nota de qué fuiste registrando en cada vivencia.

Te propongo que busques a alguien con quien tengas confianza y le pidas que te lea las indicaciones, de modo de poder hacer la visualización en tiempo real y sin la interrupción de la lectura, tal cual la harías en mi taller. También puedes grabar estas indicaciones en una nota de voz y luego reproducírtelas. O puedes escuchar mis indicaciones leyendo con tu celular el siguiente QR:

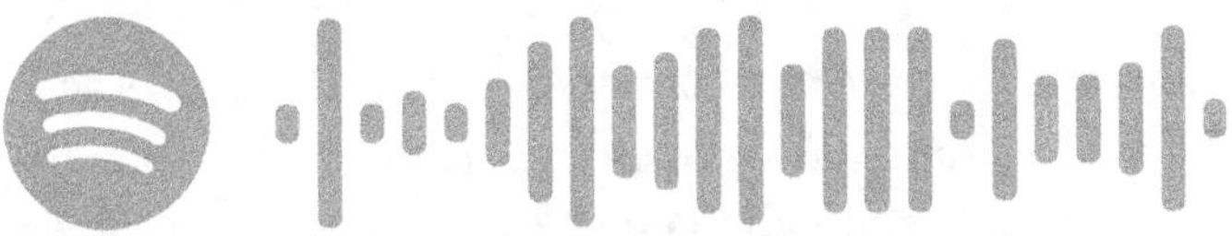

Para realizar estos ejercicios, vas a necesitar una pelotita de tenis, un globo inflado por la mitad y un pañuelo de seda (o uno lo más suave y liviano posible). Recomiendo hacerlos descalzo y con ropa cómoda. Incluso podrían hacerse desnudo o en ropa interior, dada la comodidad de la propia casa.

DINÁMICA

AGUA

El agua representa la apertura, el amor. Recibe lo que entra en esta y se impregna de eso. ¿Y cuál es nuestro órgano receptor por excelencia? La piel. Por eso, el elemento agua rige nuestra piel.

☐ Acuéstate en el piso y comienza a relajar cada parte de tu cuerpo, desde los dedos y desde la planta de los pies hasta la cabeza. Piensa en cada parte y siéntela, a medida que se va relajando, casi hundiéndose en el piso.

☐ Haz cada vez más lenta la respiración. Visualízate siendo agua: observa su transparencia, pero también su oscuridad en lo profundo, cómo deja entrar todo lo que cae en ella, tanto que comienza a ser parte. Piensa en una gota de tinta azul, que va cayendo en un vaso de agua. Observa su capacidad de apertura... ¿cómo te va con eso en tu vida? ¿Dejas que las cosas te lleguen o las rechazas?

☐ Imagínate ser agua, sentir como agua. Experiméntalo en la piel. Toma consciencia de su flexibilidad, de cómo hace contacto con el piso. Nota cómo estás tocando el piso, pero al mismo tiempo el piso te está tocando a ti.

Comienza a moverte muy lentamente, como lo haría el agua. Para eso debes olvidarte de los huesos. Date vuelta para ponerte boca abajo, pero solo sintiendo la piel, tomando plena consciencia de cómo esta hace contacto con el suelo.

Ahora te pido que, lentamente, apoyes una mejilla en el piso y abras los brazos y las piernas de tal forma que consigas tener la mayor superficie de tu piel haciendo contacto. Y quiero que sientas cómo ahora es el piso el que te toca. El suelo quiere compartir contigo una experiencia. Es el suelo el que quiere ser sostenido por ti. ¿Qué vas a hacer al respecto? ¿Qué es lo que haces cuando se presenta esta situación en tu vida? ¿Te abres, te brindas, dejas que entren, escuchas? ¿O todo lo contrario?

Permítete experimentar la energía de agua. Ábrete, recibe, contiene ese piso que te toca. Vivencia la apertura, la amorosidad, la aceptación, la contención, la empatía, la escucha del agua. ¿Cuán disponible tienes este elemento en tu vida? ¿Te resulta algo nuevo o es familiar para ti? ¿Te falta agua y no te abres ni escuchas? ¿O tienes exceso de agua y te involucras con los problemas de todos, desviándote de tus objetivos? Recuerda que la maestría está en el equilibrio.

Ahora te pido que busques la pelotita de tenis y el globo, y realices las siguientes acciones:

- Recorre la piel con la pelotita. Toma consciencia de cada parte que recorre del cuerpo. Siente el contacto de la pelota con la piel y la sensibilidad en cada parte del cuerpo.
- Ahora haz el mismo recorrido con el globo. Siente el globo rozar la piel de cada parte de tu cuerpo. Comienza a hacerlo parte tuyo, a generar una relación con este.
- Deja un brazo totalmente apoyado sobre el globo. Luego, apoya la cabeza libremente sobre este, y más tarde una parte del cuerpo que elijas. Por último, acuéstate sobre el globo.
- Abrázalo cariñosa y tiernamente, como agradeciendo que haya sido tu compañero de viaje. Luego, déjalo ir despacio.

Para acompañar esta visualización, puedes elegir una música repetitiva, de tambores, por ejemplo. También puede hacerse sin música, pero deberías imaginar un cierto patrón que se repita.

☐ Acuéstate en el piso boca arriba con el cuerpo extendido. Flexiona las piernas como queriendo empujar el piso hacia abajo, pero sin levantar la cola, generando tensión en un triángulo formado por los tobillos y por la cabeza. Luego, levanta la pelvis con las piernas estiradas.

☐ Rueda como un tronco, con las piernas estiradas y con los brazos por encima de la cabeza. Esta debe tocar el suelo. Repta en el suelo con los huesos (talón, rodillas, etc.), tal como haría un soldado en posición cuerpo a tierra.

☐ Haz percusión en los huesos de todo el cuerpo. Puedes hacerlo con los nudillos o con una cuchara de madera o un palo de escoba, dando leves golpecitos. Focaliza en las piernas, y en especial en los pies, que son los que dan estabilidad, tocando con los dedos para reconocer cada hueso. Otra opción es, en la posición anterior, percutir con los talones, hasta sentir cómo la vibración del golpe va subiendo por los huesos y llega hasta el cráneo.

☐ Luego, comienza a pensar cómo ponerte de pie con la menor cantidad de movimientos posibles y quédate cinco segundos en cada paso. Para esto deberías usar la menor cantidad de músculos y esfuerzo, y lograrlo haciendo palanca con los huesos. Por ejemplo, abrazar las rodillas y balancearte para erguir el torso. La idea es generar un diseño estratégico y habitar cada etapa, registrando el nivel de paciencia en la permanencia de cada uno de estos pasos.

☐ Una vez de pie, vas a terminar en posición similar al haka maorí, con las piernas abiertas más allá del ancho de los hombros y semiflexionadas, los puños a la altura del ombligo, con el torso y cabeza rectos.

☐ Camina con energía tierra: comienza apoyando el talón percutiendo el piso. Sé consciente del talón marcando el territorio. Luego, pisa con el talón y declara: "Este es mi lugar" y habita ese lugar con el resto del cuerpo al completar el paso. El talón marca la medida del avance.

☐ Camina con energía tierra y marca el límite con cada paso: pisa con talón, como diciendo: "Este soy yo". Es un paso que busca habitar, porque la tierra tiene mucha presencia y contundencia. Habita, ocupa los espacios donde está. Completa el paso marcando un límite con los brazos: "¡Basta!".

AIRE

☐ En puntas de pie, mientras te mueves por el espacio, realiza un leve tapeo en distintas partes de tu cuerpo: el brazo, la clavícula, los omóplatos, las costillas, las piernas, los dedos de los pies.

☐ Alinea el cuerpo con mentón, esternón y pelvis, y deja los brazos al costado, rectos. Al mismo tiempo, los pies continúan en puntas de pie. El aire requiere un mínimo contacto con el suelo, liviandad total.

☐ Elige uno de los brazos; extiéndelo y prolóngalo lo más que puedas, incluidos los dedos. Lleva la mirada a la punta de los dedos.

☐ Comienza a intencionar y a proyectar. Visualiza que tus dedos se alargan, hasta llegar a la pared o el techo. La idea es pensar que se convierten en pinceles, y pintar con estos el techo y el piso o hacer garabatos alrededor. La vista siempre debe seguir lo que se está "pintando". Repite lo mismo con el otro brazo y luego con ambos al mismo tiempo.

☐ Ponte de pie y comienza a caminar con pasos ligeros en el lugar, en puntas de pie. Recorre el espacio de esa forma, subiendo y bajando el cuerpo, en un movimiento totalmente aleatorio, como el del aire. Muévete para cualquier lado, como si estuvieras volando. La mirada siempre debe seguir los brazos.

Emula el comportamiento de un colibrí: a través del espacio, proyecta una mirada rápida, inquieta y liviana en distintas cosas, desde una planta a un libro. No permanezcas mucho tiempo focalizado en ningún elemento.

Toma el pañuelo y muévelo alrededor tuyo, observando los movimientos que genera. Esto también puede hacerse con el globo, observando cómo se mueve en su contacto con el aire.

FUEGO

El fuego tiene tres movimientos.

El primero es en el piso. Con el cuerpo alineado y extendido, piernas juntas y brazos pegados, genera tensión, haciendo fuerza para levantar el tono muscular. Luego, comienza a rodar haciendo impulso con la propia tensión del cuerpo, que genera balanceo.

Otra opción es poner los pies contra una pared, flexionar las rodillas de modo de quedar lo más cerca de la estructura posible e impulsarse como un resorte, para alejarse. Esto también puede hacerse corriendo de una pared a otra, previo impulso con toda velocidad y fuerza.

El segundo movimiento es una caminata normal, empujando con el cuerpo levemente hacia delante, pero llevando toda la energía y el foco a la punta de los pies. Empujar el suelo con la intención de dejarlo atrás con cada paso. Mantener los ojos abiertos muy fijos en el objetivo y con los brazos, manos y dedos estirados, apuntando a la meta. Caminar con resolución hacia el objetivo, que va a proyectarse en la pared opuesta, e ir hasta este casi al punto de chocarlo. No frenar antes ni doblar o esquivar.

El tercer movimiento es el guerrero. Consiste en preparar el cuerpo como si fueses a pelear, como un boxeador o un espartano, e imaginar del otro lado del ambiente el objetivo, pero en el medio también, todas las excusas y obstáculos que no te permiten llegar a aquel. La premisa es avanzar hacia el resultado peleando y derribando estos adversarios. Puedes pegar patadas, golpes de puño, o hasta imaginar que tienes una espada con la que cortas los problemas por la mitad. Deberías gritar con cada golpe.

También puedes acostarte y levantarte rápidamente con fuerza, para quedar en posición de guerrero: con tono muscular alto, ojos abiertos y grandes, fijos en el objetivo, con brazos a los costados y dedos estirados. El apoyo debería estar en la parte delantera del pie, dando pequeños saltitos.

Finalmente, llega el momento de la seducción. Deberías pararte de tal forma que puedas demostrar lo que eres. Proyectar o desplegar una forma de ser y de moverte que diga: "Acá estoy yo", "Soy exitoso", "Soy poderoso". Es como conectarte con todo tu potencial para brindar, para crear, para generar bienestar, y desde ahí generar seducción. Y, cuando menciono "seducción", no hablo solo de la romántica, ya que la etimología de la palabra tiene que ver con separarse del camino automático. Hablo de lograr atraer.

13

LA MISIÓN: UN CAMINO SIN RETORNO

 Para qué existes? ¿Cuál es el significado de que estés vivo? ¿Para qué haces todo lo que haces? ¿Te habías hecho estas preguntas antes?

Conectarte con tu misión tiene que ver, justamente, con darle sentido a tu existencia. Esto te abre un nuevo universo que te permitirá reinterpretar y redireccionar tus acciones.

En capítulos anteriores decíamos que Acción era Actividad + Interpretación. Descubrir tu misión te permitirá cargar tus actividades de interpretaciones poderosísimas.

Lo ejemplifico con una historia popular:

Tres albañiles estaban trabajando cuando un transeúnte se acercó a ellos. Le preguntó al primero: "¿Qué está usted haciendo?". El albañil le respondió: "¿Acaso no lo ve?, ¡apilando ladrillos!", con un gesto molesto, consecuencia de una pregunta que percibió como tonta y de respuesta obvia. El caminante repitió la misma pregunta al segundo albañil. La respuesta no se hizo esperar: "¡Levantando una pared!". El tercer albañil también respondió al particular interrogatorio, pero con una amplia sonrisa de orgullo dijo: "Estoy construyendo el nuevo hospital de niños del pueblo".

¿Qué crees que hace la diferencia? Probablemente, es el sentido que encuentran en lo que hacen. Es la interpretación que hacen sobre sus respectivas acciones. En esta historia, la tarea es exactamente la misma, y lo que cambia su postura es el grado de significación y utilidad que tiene su trabajo para los demás, lo cual transforma sus respectivos niveles de motivación y compromiso en la labor.

La ausencia de sentido es uno de los grandes dilemas de estos tiempos. Imagínate remando en el medio del mar porque sí, sin saber adónde vas. Esa situación es la que vivimos cuando no estamos conectados con la misión, con el sentido que esta le proporciona a nuestra vida. ¿Qué es lo que hace que algo tenga sentido para ti? ¿Te lo preguntaste alguna vez? Y esto no solo es metafórico. Por lo general, en las catástrofes, si dos personas con similares condiciones físicas están en peligro de muerte, suele sobrevivir aquella que se conecta con para qué seguir vivo.

Quizás muchas veces te sientes insatisfecho y no entiendes por qué, y sientes que tal vez esa sensación esté relacionada con la falta de sentido en tu vida. Pero no te apresures a culparte, porque la sociedad ha crecido de esta manera:

hemos sido educados y capacitados para un mundo que dejó de existir. Preparándonos para el QUÉ HACER, y no PARA QUÉ hacer.

Vivimos en una cultura que prioriza la productividad a cualquier precio, el crecimiento ilimitado en un mundo de recursos limitados. Todo en pos del vivir mediante el tener. Queremos más y más y más... ¿Y para qué? Así aparece el flagelo de la falta de sentido, que nos produce mucho sufrimiento. Vemos a personas llenas de logros por fuera y vacíos por dentro. Este vacío se muestra muchas veces enmascarado, por lo que solemos manifestarlo en forma de compensación. Trabajamos más, comemos más y estamos más estresados. Un círculo vicioso. Pero este sufrimiento también aparece como la oportunidad de revisar, aprender y trascendernos a nosotros mismos a partir de la enseñanza que nos revela ese mismo sufrimiento. Suele ser muchas veces la gran posibilidad de crecimiento si aceptas el desafío y no te quedas en la conversación del dolor. Pero para esto se requiere comenzar a buscar en nosotros y no afuera porque, si no, terminamos distraídos, deseando hacer lo que otras personas hacen o haciendo lo que otras personas quieren que hagamos. Pero cada uno tiene su misión, y vivenciarla es tu responsabilidad.

Tal vez por eso mismo estés leyendo este libro. Para encontrar un PARA QUÉ importante, mucho más grande que tú, pero que empieza por ti. A veces nuestra falta de sentido es tan grande que empezamos a buscar algo, pero ese algo siempre lo ponemos afuera. Y nos llenamos de actividades, y hasta hacemos viajes para encontrarnos... ¿Pero alguna vez te planteaste un viaje hacia dentro? Porque es ahí donde está tu sentido y tu propósito. Por supuesto que encontrarlo es tu elección. Pero no importa si no esperamos nada de la vida; lo que importa y da sentido es lo que la vida espera de nosotros.

> Porque el sentido no está relacionado con lo que la vida nos tiene que dar, sino con lo que nosotros le vamos a brindar a la vida y con el agradecimiento por esa posibilidad.

Eso es lo que te conecta con tu misión. La persona que puede conectarse con su "obra personal" difícilmente elija sufrir o tirar su vida por la borda.

La misión determina tu legado, le da sentido a tu vida y te moviliza con el propósito. Ahora bien, vamos a detenernos en cada uno de estos conceptos.

El propósito es un movimiento determinado y con resolución hacia un resultado. Vimos que el interés se activa para que nosotros podamos desarrollar o satisfacer una necesidad. Siguiendo este lineamiento, podemos decir que el propósito es nuestro interés vital, que se activa para satisfacer ciertas necesidades de crecimiento y de trascendencia.

El legado es algo que hacemos pensando en la posteridad con el objetivo de que nuestro ser trascienda nuestra vida. Nos conecta con la tarea que venimos a hacer a la vida. Y el sentido es lo que obtenemos para nuestra vida. Revaloriza las acciones que ejecutamos.

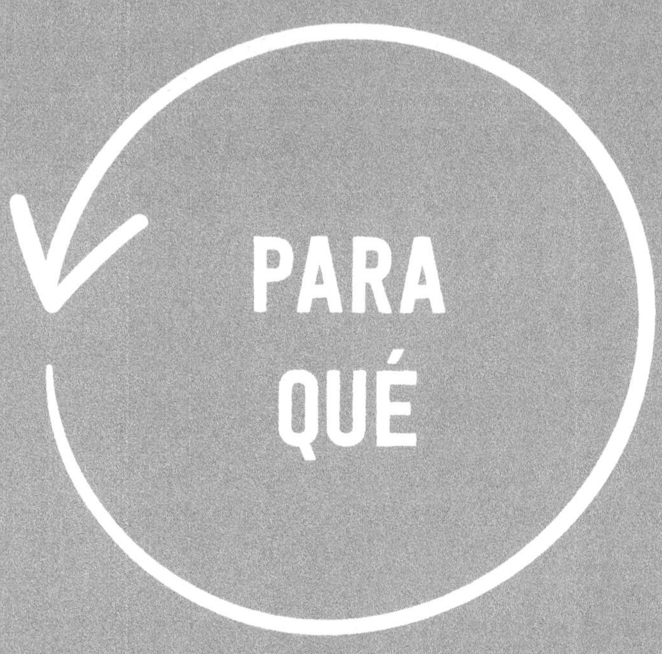

PARA
QUÉ

HACERSE CARGO

Cuando hablamos de conectarnos con nuestra misión, no hay nada que debamos hacer o tener de una manera particular; justamente, se trata de conectarse con nuestro ser, con nuestros dones y talentos. Es una conexión en afinidad entre las habilidades y dones, los valores que defendemos y la causa hacia donde vamos a estar enfocándonos.

Se conocen algunos falsos mitos sobre la misión:

- No es el trabajo que tenemos. Puede serlo o no, pero no es excluyente.
- No es el rol que sostenemos en las diferentes ocupaciones.
- No es la lista de lo que nos queda por hacer.
- No tiene por qué ser una obligación o algo que nos cause sufrimiento.

Todo lo contrario. La misión tiene que ver con acrecentar tus dones y regalos con los que has sido concedido para que los utilices al servicio de una causa, que será tu legado al mundo. Está relacionada con la posibilidad que eres para los demás. Es como si le preguntaras al universo: "¿Para qué me diste estos regalos? ¿Qué tengo que hacer con esto? ¿Quién tengo que ser con esto?".

No quiere decir que, cuando te rindas a esos designios, vas a tener que hacer algo que no te guste ni tengas que dejar de vivir tu vida, sino que se trata de conectarte con lo que más te gusta, permitiéndotelo hacer desde tu grandeza. Es dejar salir lo mejor de ti y ponerlo al servicio de la comunidad.

El neurólogo y filósofo Viktor Frankl postuló que podemos conectar con el propósito por tres caminos. Uno es a través de los talentos y de las habilidades, por la vocación. El otro es el amor a la naturaleza, a la música, al arte. Por ejemplo, hay personas que no son músicos, pero coleccionan discos y sienten pasión por eso, conectando desde ahí con su propósito. La otra forma, por la cual él mismo conectó, es el coraje o valentía que aparece en situaciones adversas como, por ejemplo, su supervivencia en campos de concentración.

Cuando tomas contacto con tu misión, lo haces también con tu propia grandeza, y este es un camino sin retorno.

Nunca más podrás ignorarlo; ya sabes para qué has venido y lo único que te queda es cumplir con esta. Eso puede causarte miedo. Porque entras en contacto no solo con algo que conoces desde lo intelectual, sino con algo que aprendes y que queda programado en ti. La misión es nuestra suprema responsabilidad. A veces, cuando las personas declaran su misión, la sienten ajena. Pero, a medida que pasa el tiempo, las cosas se van acomodando. Cuando vivencias tu posición de responsabilidad, de poder responder frente a lo que pasa, no puedes hacer caso omiso a lo que está pasando y a cómo estás accionando en cada situación. Sabes cuándo no quieres ver algo y lo niegas. Una vez que conectas con esa misión, te haces cargo. Cuando hablamos de la declaración, hablamos de aquello con lo que estamos comprometidos a dejar, mientras que la visión es aquello que queremos obtener a partir de hacer y crear un valor.

CARACTERÍSTICAS Y DIFERENCIAS

La declaración de tu misión define cuál va a ser tu aporte a este mundo, y te muestra lo que vas a estar siendo y haciendo en este. Algunas características que debe respetar la misión son las siguientes:

- **Ser breve, en pos de ser recordable.**
- **Ser inspiradora, atractiva y clara. Al decirla, tiene que despertar pasión dentro de ti mientras sabes claramente de qué se trata lo que vas a estar haciendo y al servicio de qué causa vas a estar.**
- **Ser una posibilidad para la comunidad y el mundo. Contener una declaración de servicio y de contribución.**
- **Estar escrita con un lenguaje poderoso y motivante.**
- **Hacerse cargo de la inquietud de la causa a la cual está dedicada. Hay alguien que te está esperando y necesita lo que estás a punto de dar.**

- **Incluir varias áreas de tu vida.**
- **Tener poesía, una magia especial que solo se despierta cuando estás alineado con esta.**

Tampoco es lo mismo hablar de misión o de visión. Por ejemplo: mi misión es desarrollar el potencial humano a través del *coaching* ontológico, y mi visión es llegar a entrenar a 5000 personas en el entrenamiento de Expedición para el 2025. La misión es lo que aparece a medida que vives tu visión. La misión es la razón de ser, el para qué. La visión es lo que quieres llegar a ser, el qué y el cómo.

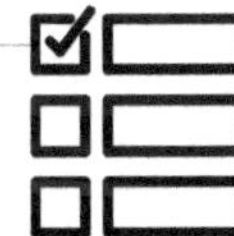

DINÁMICA
ENCONTRANDO TU MISIÓN

Antes de comenzar esta dinámica, te propongo un objetivo. Durante una semana, pídele a gente cercana que escriba en un papel qué virtudes y fortalezas reconocen en ti. Cuando los recibas, guárdalos en una caja sin leerlos. La premisa es abrirlos durante este ejercicio.

1. En la dinámica anterior trabajamos con los cuatro elementos. Ahora es momento de ordenarlos de acuerdo a cuán identificado te sentiste con cada uno. El que sientas más disponible será el primero, y el que sientas menos disponible, el último. Y, aunque la maestría consiste en tenerlos todos en mayor o menor medida, ese primero es el que estará siempre latente.

2. De aquel elemento dominante, escribe cuatro características que te motiven o te conecten con este. Puede ser alguna de las ya vistas o sumar una nueva.

3. De acuerdo a esas virtudes, imagina una posición de poder y recréala físicamente. Habítala durante un minuto y toma nota de cómo te sientes.

4. Luego, escribe la placa descriptiva que iría debajo de tu figura si fueras un monumento. Sigue esta fórmula:

"Aquí recordamos a XXX, quien en vida fue un hombre sensible, creativo y auténtico [características] y será recordado por la posteridad por su originalidad en la producción artística y su enfoque en ayudar al otro [virtudes]. Su lema fue brillar y hacer brillar".

5. Ahora divide la hoja en cuatro cuadrantes: Acciones, Valores, Talentos y Disciplinas. Y, a medida que va avanzando la dinámica, llena esos espacios con información.

6. Toma el elemento dominante y escribe seis características. Distribúyelas en Valores y en Talentos. Ahora escribe cuatro acciones de ese elemento (y ponlas en Acciones).

7. Cierra los ojos y sitúate en tu lugar favorito de cuando eras un niño, en ese espacio donde más te entretenías. Haz contacto visual contigo mismo a tus 4/5 años. Mira a los ojos a tu niño interior. Y, a medida que lo hagas, explora estas preguntas:

- ¿Qué le gustaba hacer a ese niño/a? ¿Qué cosas lo/a divertían o lo/a entretenían tanto que perdía la noción del tiempo?
- ¿Cuál era su juguete favorito?
- ¿A qué jugaba ese niño/a? ¿Tenía juguetes sofisticados o construía su mundo con su imaginación?
- ¿Qué quería ser cuando fuera grande?
- ¿Para qué actividades tenía facilidad?

Sal del contacto visual, pero mantén la experiencia emocional.

8. Escribe una frase que te haya inspirado. Puede ser de un libro, una película, de algún maestro o amigo. Escríbela en Valores, Talentos o Disciplinas, donde te parezca que mejor vaya.

9. Abre la caja del feedback de gente cercana. Escribe en tus cuadrantes las características que más te hayan impactado o te generen sentido.

10. Nombra al menos cuatro talentos que tengas. Usa como guía tu declaración personal y el feedback recibido. Luego, descríbelos con tus propias palabras, y anótalos en el cuadrante de Talentos.

11. Piensa cuatro situaciones concretas en las que hayas tenido la experiencia de haber usado estos talentos. Por ejemplo: creativo. "Cuando era chico, hice un robot y le puse una cadena de bicicleta".

12. Piensa: ¿qué actividad o disciplina se relaciona con esto? Anótalo en el cuadrante de Disciplina.

13. Ahora te propongo una meditación. Al igual que con la dinámica anterior, puedes recurrir a alguien para que te lea las indicaciones en voz alta, grabarlas tú mismo en una nota de voz o escucharlas en mis palabras en el siguiente QR:

☐ Siéntate en el piso en la posición más cómoda que encuentres, cierra los ojos e imagina enfrente a una persona que sea especial para ti. Puede ser hasta una mascota, pero alguien por quien sientas devoción y amor. Puedes también visualizar más de una persona, siempre y cuando por ellas darías todo.

☐ Cierra los ojos. Respira lento y profundo, deja salir el aire. Hazlo nuevamente y déjalo salir con un sonido.

☐ Apoya tus manos con las palmas hacia arriba sobre las rodillas, en una posición de entrega, pero también de recibir. Lleva la consciencia a la palma de las manos, a las sensibilidades y a lo que comienza a despertarse. Toma noción de que, corporalmente, nuestros brazos determinan nuestras relaciones. Lo que damos, cómo lo damos y en qué medida. Lo que recibimos, si es que estamos abiertos a recibir. Los brazos son nuestros vínculos.

☐ Visualiza en la base pélvica, entre tus piernas, una luz blanca y pura. Esa luz va a ser tu cordón a tierra. Observa cómo se va alargando, baja hasta el piso y penetra en él. Y sigue bajando por metros y kilómetros. Vivencia cómo tu cordón baja hasta donde esté el centro de la tierra para ti y se ancla ahí, en afinidad contigo y con el planeta. Es blanco brillante, como plateado.

☐ Respira lento y profundo, y agradece el estar aquí y ahora en este proceso.

☐ Ahora, di tu nombre y colócalo dentro del cordón a tierra. ¿Cómo lo haces? Simplemente, postulándolo, desde tu intención. Ese es tu lugar de anclaje.

☐ Te pido que endereces la columna. Siente los isquiones y oscila levemente el cuerpo de atrás para adelante hasta encontrar un punto de equilibrio. Ahora estás habitando un lugar perfectamente vertical. Una vez ahí, procura alinearte de tal forma que el mentón, el esternón y el pubis estén en la misma línea. Atrás, siente la nuca, la espalda y el sacro también alineados.

☐ Una vez centrado, vas a imaginarte que una fuerza te toma el centro de la cabeza, la coronilla, y te eleva unos centímetros. Percibe una sensación de estiramiento, como si el universo te absorbiera. Ahora visualiza cómo desde la planta de los pies sube energía de la tierra de colores verde y rosado. Sube por las piernas hasta tu cintura, y desciende nuevamente por el cordón a tierra. Genera un circuito virtuoso de energía que te conecta, te estabiliza, te da lugar, te alimenta.

☐ Por tu coronilla baja luz dorada que desciende iluminando, revitalizando, abriendo y dinamizando cada parte del cuerpo que va tocando: tu cabeza, tu cuello/nuca, pecho/espalda, vientre/lumbar, pelvis/sacro, y se mezcla con la energía de la tierra.

☐ Cuando se combinan, crean un estallido de luz con los siete colores del arcoíris, que van iluminando cada parte de tu cuerpo, y que sale por la coronilla bañando todo su contorno. Visualízate, siéntete completamente rodeado de luz. Experimenta cómo esa energía multicolor pasa por tu corazón y de ahí continúa por tus brazos (tus vínculos) y llega a tus manos.

☐ Desde la intención, enciende ambos hemisferios cerebrales con una luz blanca. Y, en el centro, coloca una figura de ti mismo sonriendo. Ahora que estás conectado con esto más grande, puedes obtener la asistencia de muchos recursos que están en tu inconsciente, como por ejemplo los arquetipos. Puedes llamar al anciano sabio, el arquetipo que representa todo el conocimiento del mundo, que te puede dar las respuestas que buscas. Solo postúlalo desde tu intención, y estará ahí para servirte. No importa si alcanzas a visualizarlos; lo que importa es tu intención de ver y descubrir. Pídeles que te guíen, que te asistan en este momento para que puedas conectar con tus valores. Con los principios que siempre estuvieron determinando tus elecciones, pero que quizá antes no veías claramente, porque, probablemente, estaban camuflados detrás de ciertos intermediarios, espejismos o vicios.

☐ Visualiza, entonces, un fuego violeta que llega desde arriba y baja por tu cabeza. A su paso, limpia, sana, libera, aclara. Ese fuego violeta es tu sabiduría interior. Deja que actúe libremente sacando limitaciones, prejuicios, trabas, impotencias. Vivéncialo.

☐ Ahora siente cómo de tu pecho, desde donde sale el torrente multicolor que viaja por tus brazos hacia las manos, comienzan a brotar unas luces más intensas, como esferas lumínicas y, cuando cada una aparece, sientes una descarga de amor incondicional y motivación que te sacude. Estas esferas representan tus valores centrales. Haz el trabajo de identificar cada uno de estos. ¿Cuáles son?

☐ Para verlos más claramente, puedes indagar en modo inverso. Pregúntate: ¿qué acontecimientos del mundo te enojan frecuentemente? ¿Qué cosas que consideras injustas te gustaría erradicar de tu mundo?, ¿la violencia, la pobreza, el hambre, el analfabetismo? Ahora piensa en los valores que se harían cargo de esto: la paz, la prosperidad, la nutrición, la educación, etc.

☐ Mientras, mantén el contacto en tus manos y fluye integralmente con tus valores centrales. Siente a todos los virtuales beneficiarios de tus talentos puestos al servicio de estos valores.

☐ Y te invito a ir un paso más allá, a saltar al vacío para que tú mismo lo llenes: te invito a que te contactes no solo con esos beneficiarios, sino también con los valores que te ligaron con ellos; de ahora en más se van a convertir en el ADN de tu misión, van a ser tu causa. Porque el objetivo en este punto no es que veas o visualices caras, sino que sientas esos corazones vacíos de lo que tú tienes para dar.

☐ Ahora vas a colocar una rosa delante de ti y guardar tu causa en esta como si fuese un mensaje. No importa si no puedes describirla en palabras o en imágenes. Solo importa que la sientas. Coloca la causa de tu misión dentro de esa rosa y visualiza cómo esta se eleva hasta perderse en el espacio y vuelve a ti en forma de luz. Una lluvia de luz violeta y dorada que te baña y te llena de amor, de sentido, de motivación, de plenitud. Vivéncialo.

☐ Lentamente, observa cómo la luz que te rodea se encoge.

☐ Desancla el cordón a tierra. Y devuelve toda la energía que no usas a la tierra por tus pies. Reconoce y agradece a tu sabio por acompañarte en este descubrimiento.

☐ Respira lento y profundo y deja salir el aire con un sonido. Abre los ojos.

14. Ahora es tiempo de definir tu causa: se compone de tus valores + tus beneficiarios.
Y también define:

- Acción (relacionada con tu elemento dominante): postula qué vas a estar haciendo en el mundo (por ejemplo, creando, desarrollando, potenciando).

- Causa: postula en qué valores va a estar centrada tu atención.
- Beneficiario: postula quién va a estar directamente afectado a esa acción.
- Disciplina/acción: postula a través de qué profesión, disciplina o proyecto vas a estar generando lo anterior. Por ejemplo: *"Mi misión es ASISTIR en el DESARROLLO DE PERSONAS Y DE EQUIPOS a través de la METACREATIVIDAD".*

☐ Finalmente, declara tu misión y escríbela en una tarjeta.

Y abraza el propósito. Este es un ejercicio que hacemos en el taller, en el que todos los participantes se van compartiendo la misión mutuamente. Pero te propongo que hoy te abraces a ti mismo. Que te tomes un espacio haciendo contacto con el corazón. Toma consciencia de que a partir de ahora podrás generar el contexto para tomar decisiones importantes para contribuir al mundo y llenarte de satisfacción. Vivénciate en total conexión con tu propósito, el padre de todas tus intenciones, siendo capaz de moverte de forma proactiva con confianza, efectividad, creatividad y pasión. Experimenta estar descubriendo en este momento tu misión, llenando tu vida de proyección y significado. Siente con qué intensidad el sentido te llena de profunda motivación para conseguir cualquier cosa que te propongas. Quiero que reconozcas a tu ser reactivo, ese con quien tantas veces te enojas, por ser fuente de tus cualidades oro. Reconoce tu elemento dominante por las posibilidades que te abre a diario, y también da la bienvenida a las demás energías que a partir de hoy están disponibles para cuando las requieras. Es momento de que te des cuenta del privilegio que tienes de poder estar viviendo el para qué de este proceso que comenzó hace tantos capítulos atrás (tal vez hace años en tu vida).

Descubrir tu propósito te permite echar raíces, te sustenta, te excita y te da sentido de destino, llenándote de poder y guiando tus comportamientos, mientras creas un estilo de vida desde la grandeza.

EPÍLOGO

Escribí este libro con el deseo de que puedas sacar a la luz tu propósito y activarlo. Que atravieses la expedición que significan estas páginas y salgas enfocado, decidido, renovado. Listo para dar los primeros pasos que te conecten con tu misión.

Para sellar ese compromiso, tengo tres últimas propuestas. Son ámbitos de acción que te van a permitir poner en juego el propósito que declaraste a lo largo de estas páginas.

En primer lugar, quisiera que detectes tres hábitos improductivos que tengas. Costumbres que te quiten energía, tiempo y recursos para llegar a tu meta. Normalmente, decimos que los hábitos nos constituyen en el ser que somos. Como comenté en el primer capítulo, según Stephen Covey, un pensamiento genera una forma de sentir, una forma de sentir genera un accionar, un accionar de forma repetida genera un hábito, un hábito genera una identidad, y una identidad forja un destino. Y, así, lo que parece mínimo se transforma en algo trascendental. Por eso, mi propuesta es que reemplaces estos tres hábitos improductivos por tres extraordinarios. Y con "extraordinarios" no me refiero a superhábitos, sino a cuestiones fuera de lo común para tu vida diaria. Para un maratonista, correr 20 km es ordinario, y para mí sería algo extraordinario. La idea es desarrollar tres acciones recurrentes que estén alineadas a tu misión.

Siguiendo el ejemplo de los capítulos anteriores, si mi misión era ayudar a desarrollar personas y equipos a través de la metacreatividad, mis tres hábitos pueden ser crear algo nuevo con cierta asiduidad (como escribir un artículo sobre lo que hago y me apasiona una vez cada 15 días), leer publicaciones de vanguardia e innovación que hablen sobre la creatividad, la transformación y la generación de ideas, y tener más tiempo de ocio con mis amigos, porque el ocio es parte del bienestar y también del equilibrio emocional, que permite despejarse para después tener mejores ideas y ser más productivo en el trabajo. Es clave que estos hábitos estén declarados lo más específicamente posible, detallando qué, cómo, cuándo, dónde, con quién y para qué.

Luego, quisiera que declares tres nuevas habilidades necesarias para alcanzar tu propósito. Cuando piensas en llegar a un nivel más alto, a tu máximo potencial, ¿qué es lo que sientes que no tienes? ¿Qué necesitas desarrollar? Siguiendo mi ejemplo, podría ser mejorar el nivel de conversación en inglés, delegar de forma responsable y leer un libro por mes.

Y finalmente, quiero que declares cinco relaciones inspiradoras. Una máxima muy conocida del orador Jim Rohn sostiene que somos el promedio de las cinco personas que más frecuentamos. Así, si las personas que nos rodean son quejosas y están siempre enfocadas en los problemas, es muy probable que estemos influenciados por eso. La premisa es crear un contexto que esté en afinidad con tu propósito. Y no estoy diciendo que tengas que reemplazar a todos tus amigos, pero la clave es empezar a reconfigurar tu contexto relacional. Te invito a que generes cinco relaciones nuevas con personas que sean fuente de inspiración para ti. Puedes escribirle a alguien que te inspira y quieres que sea de algún modo tu mentor e invitarlo a un café para charlar un rato. Alguno te puede dar un consejo, otro te puede contar una experiencia, otro invitarte a un curso. No es necesario hacerte íntimo amigo, solo cultivar una relación. En la medida en que alimentes este vínculo, esa persona estará sumando a tu propósito.

Mediante estos tres últimos pasos estarás encarando la meta final. Estarás acercándote a esa versión que soñaste al comenzar el libro.

Ojalá que la lectura te haya hecho descubrirte en tus talentos y dones. Que te hayas apasionado con tus capacidades para empezar a sembrar, cultivar y luego cosechar a partir de ellas. Y, si te gustó este libro, me encantaría que lo recomiendes. Que se lo des a ese amigo atrapado en un trabajo que no le gusta, a ese que no encuentra la forma de conectar con lo importante, a ese que siente que no puede sumar nada al mundo porque no encuentra su vocación. Que para ti, y para quien lo necesite, esta expedición sea el comienzo para encontrar lo valioso dentro de cada uno.

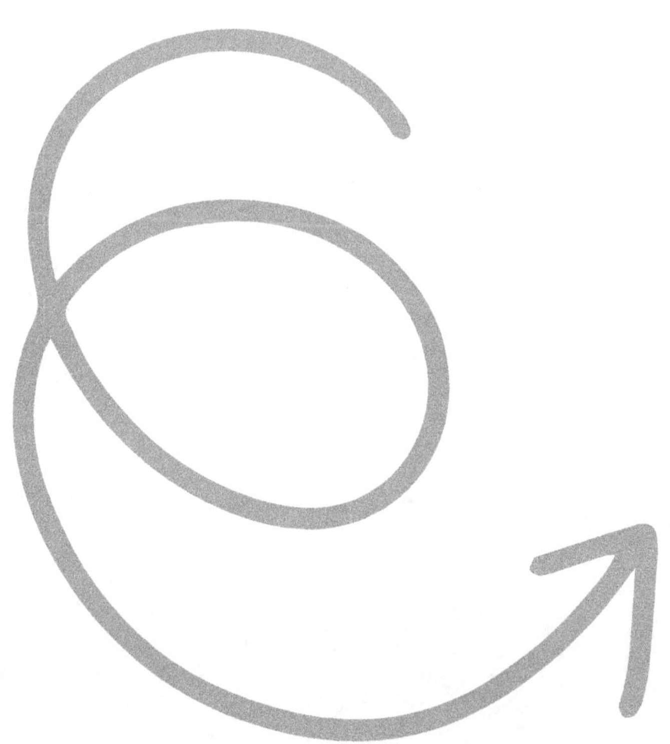

AGRADECIMIENTOS

A mi familia: a mi papá, Roberto Luis; mi mamá, María del Carmen; y mis hermanas, Diana y Rocío.

A todos los "expedicionarios" de distintos lugares de Latinoamérica que confiaron en este proceso y lograron conectar con su misión para servir con propósito.

A mis maestros y maestras, de quienes pude aprender de primera mano: Alicia Mirleni, Delia Chudnosvky, Eduado Fain, Patricia Hashuel, Juan Aramburu, Damián Goldvarg, Nora Perel, Diego Poso, Alain Cardón, Marco Leone, Fernanda Bustos González, Melina Vicario, David Alonso, Laura Moncho y César Martínez.

A mi amigo, socio y hermano de la vida, Alejandro "Chapa" Vargas, por bancarme siempre y sumarse en cada idea loca que se me ocurre.

A mis amigos de siempre: Fabián Carmona, Marcelo Mingochea, Alejandro Naviliat, Oscar Quiroga, Leonardo Muñiz.

A mi socio (y compañero de emociones) en EPHIS Latam, Santiago Martínez. Y a todo el equipo espectacular "estable" que hace que la máquina funcione: Flavia Selvatici, Paula "Polly" López, Gabriela Zuanich, Ignacio De Martini, Andrea Speroni, Melany Martínez, Analía Vuono, María Marta, Federico Estevez, Karina Rivera y Diego Godoy.

A Victoria Guazzone di Passalacqua, por cuyo compromiso este libro terminó convirtiéndose en realidad.

A Eduardo Sanguinetti, quien me acompañó con pasión como coentrenador en algunas ediciones.

A Francisco Caputo, por ser evidencia de jugar ganar-ganar como filosofía de vida. ¡Gracias por todas las oportunidades!

A Natalia Carcavallo, por el apoyo "espiritual".

A María "Popi" Taboada, por su aporte para que todo esto comience a cobrar forma.

A los colegas que de alguna manera siento cerca: Daniel Colombo, Fernando Girasol, Fernando Celis, Mirna Mariño, Patricia Gutiérrez, Marcelo Barcia, July Pelayo, Claudia Agüero, Tuni Sturich, Martín Cainzos, Ariel Goldvarg, Carolina Cáceres, Sandra Jaramillo, Aicardo Mejias, Daniela Vatti, Valeria Laborato, Patricia Rivera y May Vargas, entre muchísimos otros.

A Nueva Visión Argentina, por facilitar el espacio para que el entrenamiento Expedición tomara vuelo.

A todas aquellas personas que confiaron y me abrieron puertas y oportunidades. Fueron el combustible de este proyecto.

A los momentos difíciles, porque me permitieron desaprender y aprender para ser mejor. Porque finalmente comprendí que el entrenamiento y la expansión "sucede en la barrera".

BIBLIOGRAFÍA

Echeverría, Rafael. *Ontología del lenguaje.* Lom Ediciones SA, 2005.

Heidegger, Martin. *Ser y tiempo (Traducción-notas Jorge Rivera).* Nuevo, 2018.

Flores, Dr. Fernando. *Hacia una ontología de la adultez.* Artículo, 1987 (traducido del inglés por Heloisa Primavera, 1992).

Dawes, Dawes, Dolley, Dolley, Isaksen, Ike. *La búsqueda: hacia la percepción del alma.* Triskel Press, 2008.

Robinson, Sir Ken. *El Elemento.* Grijalbo, 2016.

Maturana, Humberto y Varela, Francisco. *De máquinas y seres vivos. Autopoiesis: La organización de lo vivo.* Editorial Universitaria Lumen, 2008.

Covey, Stephen. *7 hábitos de la gente altamente efectiva.* Paidós, 2018.

Bachrach, Estanislao. *Ágilmente.* Sudamericana, 2017.

Maslow, Abraham H. *Motivación y personalidad.* Díaz de Santos, 1991.

Dolan, Simon L. *Coaching por valores.* LID Editorial Empresarial, 2012.

Berne, Eric. *Los juegos en que participamos*. Gaia Ediciones, 2021.

Kertész, Roberto. *Análisis transaccional en vivo*. Universidad de Flores, 2013.

Hashuel, Patricia. *Conversando con un coach*. Distal, 2008.

Frankl, Víctor. *El hombre en busca de sentido*. Herder Editorial, 2015.

Jung, Carl. *Arquetipos e inconsciente colectivo*. Paidós, 2015.

Kofman, Fred. *Metamanagement: la nueva conciencia de los negocios. Cómo hacer de su vida profesional una obra de arte*. Grito Sagrado Editorial de Fund. de Diseño Estratégico, 2007.

Wilensky, Paty. *Manual del pensamiento reversible*. Pitágoras, 2016.